KB090213

하룻밤에 다 읽는
경제 에스프레소
금융

하룻밤에 다 읽는 경제 에스프레소 금융

초판 1쇄 발행 2023년 5월 30일

지은이 김종승

펴낸이 조기흠

책임편집 유지윤 / **기획편집** 박의성, 이지은, 전세정

마케팅 정재훈, 박태규, 김선영, 홍태형, 임은희, 김예인 / **제작** 박성우, 김정우

디자인 프롬디자인 / **교정교열** 조민영

펴낸곳 한빛비즈(주) / **주소** 서울시 서대문구 연희로2길 62 4층

전화 02-325-5506 / **팩스** 02-326-1566

등록 2008년 1월 14일 제 25100-2017-000062호

ISBN 979-11-5784-669-6 03320

이 책에 대한 의견이나 오탈자 및 잘못된 내용에 대한 수정 정보는 한빛비즈의 홈페이지나
이메일(hanbitbiz@hanbit.co.kr)로 알려주십시오. 잘못된 책은 구입하신 서점에서 교환해드립니다.
책값은 뒤표지에 표시되어 있습니다.

⌂ hanbitbiz.com ⨍ facebook.com/hanbitbiz Ⓝ post.naver.com/hanbit_biz
▶ youtube.com/한빛비즈 ⓘ instagram.com/hanbitbiz

지금 하지 않으면 할 수 없는 일이 있습니다.
책으로 펴내고 싶은 아이디어나 원고를 메일(hanbitbiz@hanbit.co.kr)로 보내주세요.
한빛비즈는 여러분의 소중한 경험과 지식을 기다리고 있습니다.

하루밤에 다 읽는

· 김종승 지음 ·

경제 금융
에스프레소

— FINANCE —

29가지 흥미로운 이야기로 풀어낸 돈의 역사

HB 한빛비즈
Hanbit Biz, Inc.

아는 만큼 보이는
금융의 세계

의衣·식食·주住에서 금金·식食·주住로

━━━━━━ 옷, 음식, 집을 의미하는 이 세 가지는 우리가 생활하는 데 필요한 가장 기초적인 요소들이다. 우리는 아무리 바쁜 와중에도 매 끼니를 위해 장을 보고 음식을 주문한다. 계절이 바뀔 때면 최신 트렌드에 뒤처질세라 쇼핑몰을 들락거리는 수고를 마다하지 않는다. 독립을 하고 가족을 이룬 다음에는 안락한 주거공간을 마련하는 일이 지상 최대의 과제다. 이는 현대인들의 소비생활 패턴에서도 여지없이 드러난다. 식품, 의류, 주거 분야는 소비생활의 중요도 순위에서도 부동의 자리를 지켜왔다.

하지만 이런 양상에 조금씩 변화의 조짐이 일고 있다. 2019년 한국소비자원의 실태조사 결과에 따르면 '금융'이 '옷'을 밀어내고 그 자리를 대신했다. 2년 뒤 조사 결과에서는 '집'마저도 제치고 2위 자리로 올라섰다. 의·식·주가 아니라 금·식·주라 불러야 할 판이다.

그런데 우리는 과연 금융에 대해 얼마나 알고 있을까? 다양한 금융상품들의 기능과 역할을 제대로 이해하기 위해서 얼마나 많은 노력을 기울이고 있을까? 불행히도 이에 대해 선뜻 만족할 만한 답변을 내놓기가 쉽지 않을 것이다. 지금 당신이 범람하듯 쏟아지는 서적들 가운데 굳이 이 책의 서문을 들춰보고 있는 것도 어쩌면 금융 지식에 대한 갈증이 그 이유 중 하나일 것이다.

금융이란 무엇일까? 사전적 정의에 비추어 보면 금융金融이란 쇠를 의미하는 '금'자와 녹이다라는 의미의 '융'자가 결합한 것으로, 금전의 융통, 즉 돈에 대한 수요와 공급에 따라 자금이 이전하는 것을 뜻한다. 금융에 해당하는 영단어인 'finance'는 태생적으로 조금 다른 의미를 갖고 있었다. 이는 끝을 의미하는 라틴어 'finis'에서 유래한 것으로, 본래 빚을 청산^{ending}하거나 대금을 지불^{payment}한다는 의미로 쓰이던 말이었다. 그러다가 18세기 이후 영미권에서 'finance'를 돈을 마련하고 관리하는 행위를 일컫는 보다 광범위한 의미로 사용하기 시작했다.

현대사회에서 금융이 발휘하는 기능은 앞에서 살펴본 정의에서 크게 벗어나지 않는다. 다만 은행, 증권, 보험, 자산운용, 핀테크 등 다양한 형태의 금융 서비스를 통해 그 역할과 기능이 세분화되어 발전하고 있다. 이에 따라 금융 서비스 제공자의 형태나 금융상품 종류는 천차만별이지만, 금융이 수행하는 역할은 크게 세 가지로 분류할 수 있다. 첫 번째는 자금의 이전과 중개 기능이다. 금융은 여유자금을 모아 이를 필요로 하는 사람들에게 제공해주며, 중개 시스템을 통해 자금이 결제된다. 두 번째는 자금의 관리 기능이다. 금융은 우리의 자산을 안전하게 보관해주는 기능을 넘어 적극적인 운용과 투자를 통해 재산 형성에 기여한다. 세 번째는 위험관리 기능이다. 우리는 예측할 수 없는 사고나 위험에 무방비로 노출되기 마련이다. 하지만 보험 같은 금융의 위험관리 기능을 활용하면 앞으로 닥칠 손실이나 재난에도 충분히 대비할 수 있다.

금융이 지배하는 세상에서 살아남는 첫걸음은 금융을 아는 것

━━━━━━━ 그러나 금융이 갖는 중요성에 비해 학교나 사회에서 이에 대한 체계적이고 종합적인 안내를 받을 기회는 충분하지 못한 실정이다. 최근 금융 관련 서적이나 방송, SNS 영상

이 많은 관심을 끌고 전 연령층을 대상으로 한 금융교육의 필요성이 높아지고 있는 것도 이 때문일 것이다. 또한 많은 이들이 최신 금융상품(주식, 펀드, 파생상품, 대체투자, 가상화폐 등)에 관심을 갖고 있지만, 정작 해당 상품의 속성과 그에 따르는 위험은 인지하지 못한 채 유행처럼 휩쓸려가는 경우도 흔하다. 그에 따른 결과가 어떠할지는, 피해 규모의 차이는 있을지언정, 누구라도 익히 예상할 수 있다.

특히 금융이 갖는 본래의 기능과 역할을 외면한 채 왜곡된 인식과 이해를 바탕으로 금융시장에 참여하는 경우라면 그 위험성은 배가된다. 소수에 한정된 얘기겠지만, 일부 투자자들의 염원과 달리 금융은 일순간에 우리를 부자로 만들어주는 요술방망이가 아니다. 본문에서 소개할 미시시피 버블이나 남해회사 사건, 튤립 투기 사례 등은 오히려 투자자들에게 정반대의 결과를 가져다주었다. 유사한 사건들은 수 세기가 지난 오늘날까지도 때와 장소를 달리해 반복되곤 한다. 실체가 불분명한 회사에 투자했다가 주식거래가 정지된다거나, 가상화폐에 '영끌투자'하여 파산 신청을 하는 이들이 늘어간다는 뉴스도 그리 새삼스러울 것이 없다.

2020년 3월, 국내에서는 '금융소비자 보호에 관한 법률'이 제정되었다. 키코KIKO라는 파생금융상품, 구조화 증권의 일종인 DLFDerivative Linked Fund 판매 사건, 라임·옵티머스 펀드투자 사건

등에서 비롯된 금융소비자들의 피해를 예방하려는 것이 주목적이었다. 이 법에는 눈에 띄는 점이 있는데, 바로 금융소비자의 의무와 금융교육의 필요성에 대해서도 언급하고 있다는 것이다. 이에 따르면 금융소비자는 스스로의 권익 향상을 위해 금융에 관한 지식과 정보를 습득해야 하며, 감독당국은 학교교육 및 평생교육을 통해 이를 효과적으로 지원해야 한다.

이 책의 집필을 구상한 것도 이런 배경과 무관하지 않다. 금융 이해력이 절실히 요구되는 시기, 누구라도 금융에 쉽게 다가설 수 있는 방법을 찾으려는 고민에서부터 이 책이 시작되었다. 금융의 혜택을 온전히 누리기 위해서는 금융과 금융상품의 기능을 제대로 이해하는 것이 그 첫걸음이기 때문이다. 물론 이 책이 실제 금융생활에 필요한 역량을 완벽하게 제공한다고는 말할 수 없다. 하지만 금융의 역사를 통해 금융상품의 탄생과 발전 과정, 고유한 기능을 찬찬히 들여다보는 작업은 금융을 알아가는 여정의 흥미로운 나침반이 되어줄 것이다.

금융 세계로의 입문
: 난해한 금융, 보다 쉽게 다가서기
━━━━━ 학문적으로 혹은 실무적으로 금융에 접근하자면 으레 복잡한 수학공식이나 난해한 전문용어를 먼저 떠올리

기 마련이다. 금융 초심자의 입장에서는 난감한 일이 아닐 수 없다. 하지만 모든 금융상품은 인간의 필요에 따라 그때그때 생겨난 무형의 발명품이며, 그에 관한 다양한 스토리를 갖고 있다. 따라서 이 책에서는 가능한 한 역사 속 다양한 사례들을 바탕으로 금융상품이 어떻게 생겨났고 어떤 원리로 작동하는지 독자들이 흥미롭게 접근할 수 있도록 쉽게 설명했다.

이 책은 총 3부로 구성되어 있고, 각각 은행, 투자, 보험에 관한 내용을 다루었다. 이런 구분은 금융시장의 세 축을 형성하는 은행, 증권, 보험회사의 역할에 따른 것이기도 하다.

1부에서는 금융의 첫 번째 기능인 자금의 이전과 중개에 관한 내용을 은행 중심으로 서술했다. 금융이 탄생한 시점부터 대출, 환전, 환어음, 예금, 지급결제 등 은행을 통해 제공되는 금융 기능들이 어떻게 형성되어왔는지 살펴볼 것이다. 또한 현대 금융의 기본 원리에 해당하는 부분지급준비금 제도와 이를 통한 신용의 공급, 중앙은행 제도, 극단적 금융위기 상황에 해당하는 뱅크런에 대해서도 알아보기로 한다.

2부에서는 금융의 두 번째 기능에 해당하는 자금의 관리와 운용에 관해 금융투자(증권)를 중심으로 서술했다. 먼저 주식, 채권으로 상징되는 증권시장이란 무엇이며, 흔히 투자은행으로 알려진 기관들이 증권시장에서 어떤 역할을 수행하는지 알아볼 것이다. 아울러 펀드, PEF, 대체투자, 신탁, ELS 등 새로운 투자 수단들이 나타나게 된 배경과 그 기능에 대해서도 이해할 수 있을 것이다.

3부는 금융의 세 번째 기능인 위험관리를 다루고 있다. 이에 관한 대표적인 금융상품은 보험이다. 고대 해상보험을 비롯해 역사상 주요 사건들을 계기로 새롭게 탄생한 보험의 유형과 그 발전 과정을 추적해볼 것이다. 마지막으로 선물이나 옵션 등 파생상품을 이용한 위험관리 기능에 대해서도 추가로 살펴보기로 한다.

이 책을 집필하는 데 참고한 문헌은 마지막 부분에 별도로 정리해두었다. 금융의 역사와 발전 과정을 좀 더 세밀하게 이해하려는 독자들에게 더 없이 좋은 길잡이가 되어줄 것이다. 필자 역시 참고문헌의 저자들로부터 많은 배움을 얻었지만, 이 책의 내용에 미진한 부분이 있다면 전적으로 필자의 역량이 부족했던 탓이다. 출간에 앞서 아쉬운 마음도 있다. 금융의 역사와 발전 과정을 살펴본다고는 했지만, 이후로 변화해온 금융 세계의 모습은 자세히 다루지 못했기 때문이다. 그에 대해서는 다른 지면을 통해 새로운 내용으로 다시 만날 수 있기를 기대해본다. 다만 이 책을 통해 독자들이 금융의 세계에 보다 가까워질 수 있다면, 그것만으로도 필자로서는 큰 보람일 것이다.

이 책이 세상의 빛을 볼 수 있었던 것은 많은 분들의 도움이 있었기에 가능한 일이었다. 먼저 부모님과 장인 장모님의 후원과 지지를 빼놓을 수 없다. 이분들은 필자가 보다 넓은 세상을 경험하고, 미약한 지식이나마 이를 실제 책으로 출간하는 과정에서 많은 도움과 조언을 주셨다. 언제나 든든한 힘이 되어주는 가족들에게는 고맙고도 늘 미안한 마음이다. 학창 시절의 여러 은사님들도 떠오른다. 중고등학교 시절의 이헌용 선생님, 전원록 선생님, 대학원의 지도교수이신 연세대학교 김홍기 교수님께 특별히 감사를 드린다. 금융법 강의와 연구를 위한 좋은 환경을 제공해주신 한국금융연수원 임직원과 도서 제작을 위해 힘써주신 한빛비즈 관계자분들에게도 감사의 마음을 전하고 싶다. 마지막으로 이제는 영면하신, 저자를 위해 늘 기도해주셨던 조부모님을 기억하며 이 책을 바치고 싶다.

2023년 5월 김종승

차례

1부

은행의
탄생

FINANCE

은행가란 돈이 있는 곳에서

돈이 필요한 곳으로 그것을 옮기는 자다.

빅터 로스차일드

01 믿음을 기초로 한 금융의 서막

신용과 대출

현존하는 가장 오래된 은행, 몬테데이파스키

━━━━ 이탈리아 토스카나주에 위치한 시에나^{Siena}에는

이탈리아 토스카나주에 위치한 시에나Siena에는 세계에서 가장 오래된 은행이 자리 잡고 있다. 1472년 설립되어 연 7.5퍼센트 수준의 이자를 받고 돈을 빌려주었던 '몬테데이파스키은행Banca Monte dei Paschi'이다. 500년이 넘는 장구한 세월 동안 명맥을 유지해온 이 은행은, 오늘날에는 우리가 일상적으로 마주하는 은행과 동일한 기능을 수행해왔다.

은행이 없는 현대인의 삶은 상상하기 어렵다. 아무리 많은 재산도 예금을 통해 안전하게 보관할 수 있고, 주택이나 자동차를 구입할 때는 대출을 통해 편의를 제공받는다. 은행이 제

공하는 결제나 환전 서비스 덕에 시간과 장소의 제약 없이 온라인 쇼핑도 즐길 수 있다. 기업은 환어음을 통해 지구 반대편에 있는 상대방과도 무리 없이 거래를 성사시킬 수 있다. 경제생활의 필수 요소로 자리 잡은 이런 기능들은 은행이 제공하는 서비스 중 가장 기초적이면서도 오래된 것들이다.

은행을 비롯한 현대의 금융회사가 수행하는 기능은 사실 이보다 훨씬 복잡하고 광범위하다. 예금이나 대출 외에도, 이들을 통해 주식, 채권 같은 다양한 형태의 금융상품이 거래된다. 미래의 재난에 대비해 보험상품 하나쯤 가입해두는 것은 현대인에게는 필수적인 일이 되었다. 신용카드, 펀드, 퇴직연금 같은 상품들 역시 우리 생활의 일부로 녹아들었을 만큼 광범위하게 활용되고 있다. 최근에는 금융에서도 IT나 인공지능 기술이 결합되면서, 금융의 역할과 기능은 과거와는 비교할 수 없을 만큼 다채로워지고 있다.

하지만 이처럼 새로운 금융기법들이 우후죽순 나타난 것은 비교적 근래의 일이다. 대출과 환전, 어음 등으로 대표되던 금융의 역할은 19세기 이후 투자은행가가 두드러지게 활약하면서부터 크게 변모하기 시작했다. 그렇다면 최초의 금융은 언제, 어떤 형태로 생겨났을까?

최초의 금융거래는 어떤 모습이었을까?

▬▬▬▬▬▬▬▬ 원시 시대에도 오늘날과 같은 금융 기능이 존재했는지는 단언하기 어렵다. 그 시대의 생활상을 담은 문자나 기록이 전해오지 않기 때문이다. 그러나 사냥과 채집을 통해 군집생활을 이어가던 원시사회의 특성에 비추어 보면, 이 시기에는 주로 공동체 내 상호 협력을 통해 경제적 어려움이나 필요를 해결했을 것으로 추측할 수 있다. 이를테면 사냥 중 심각한 부상을 당하거나, 과부나 고아가 된 사람이 있더라도 공동체 전체가 이들의 몫을 분담하는 것이다.

농경생활이 시작되고 잉여 생산물이 발생한 후로는, 사유재산과 함께 거래의 필요성도 나타나기 시작했다. 이 시기 질병이나 장애 같은 다양한 사유로 경제적 어려움을 겪는 사람들을 구제해준 것은 다름 아닌 '거래'였다. 경제적 여유가 없던 사람들은 경제적 여유가 있는 자와 거래함으로써 당면한 경제적 어려움을 해결할 수 있었다.

당시 행해졌을 거래의 모습은 현대 오지 지역 주민들의 생활상을 통해 그 단면을 추측해볼 수 있다. 남아프리카나 남태평양 등 오지 지역의 일부 주민들은 아직도 문명 이전의 생활방식을 그대로 따르고 있다. 이들 사이에서는 사고나 질병으로 노동력을 잃거나 경제적인 어려움에 처할 경우 곡물이나 가축을 빌려주고 되돌려 받는 일이 빈번하다. 당장의 끼니 걱정에

곡식을 빌렸다면 수확기에 그 두 배에 이르는 양으로 되갚는다. 돼지와 같은 가축을 빌렸다면 이듬해에 같은 크기의 가축 두 마리로 되갚거나, 빌린 가축에서 태어난 새끼를 이자 개념으로 지급하기도 한다.

물론 이런 사례만으로 원시사회에 존재했을 금융거래의 모습을 정확히 파악하기는 힘들다. 그렇다 해도 금융의 탄생과 초창기 거래 모습을 상상해보는 데 유용한 참고자료인 것만은 틀림없다. 기록을 통해 확인되는 최초의 금융거래들 역시 이런 모습에서 크게 벗어나지 않기 때문이다.

기원전 3000년경, 티그리스강과 유프라테스강 사이의 비옥한 토지 지대인 메소포타미아 지역에서는 수메르 문명이 융성했다. 수메르인들은 진흙으로 만든 점토판 위에 그 당시 행했던 거래들을 끝이 뾰족한 나무로 기록해두었다. 이것이 바로 인류 최초의 문자로 알려진 쐐기문자다. 쐐기문자는 당시 신전에 바치는 재화나 공물을 기록하는 데 주로 쓰였다. 하지만 현재까지 전하는 기록에는 신전과 도시국가 혹은 순수한 개인들 사이에 있었던 거래에 관한 문자도 일부 남아 있다. 각 주체들 간의 거래 품목(보리, 은 등)이나 수량, 갚아야 할 날짜 등에 관한 사항을 점토판에 기록해둔 것이다.

이와 같은 수메르의 거래 관행은 이후 바빌로니아 왕조 시대에도 이어졌다. 기원전 18세기경 제정된 함무라비 법전에서는 당시 재화를 빌려주고 받은 사람들 간에 적용된 거래관계의 세부 내용도 확인할 수 있다. 이에 따르면 곡식을 빌려준 때는 연간 33.3퍼센트, 은을 빌려준 때는 연간 20퍼센트의 최고 이자율이 적용된다. 곡식을 갚을 때는 동일한 종류로, 은을 갚을 때는 동일한 무게 단위로 반환해야 하며, 거래 내용은 증인 입회 하에 기록으로 남기도록 했다. 또한 곡식에 대한 상환 청구는 수확기 이후에만 가능하며, 폭풍, 가뭄 같은 재해로 수확이 어려운 때에는 이자를 탕감하게 하는 내용도 정해놓았다.

이처럼 곡식이나 은과 같은 상품 자체를 빌려주는 것이 초기 금융거래의 원형이라 할 수 있지만, 아직 화폐 자체가 거래 대상은 아니었다. 화폐를 통한 금융거래의 모습은 부엉이 은화로 알려진 주화가 널리 쓰이던 기원전 5세기경 고대 그리스인들의 삶을 통해 확인할 수 있다(역사상 최초의 화폐는 기원전 7세기경 리디아 왕국에서 만들어진 것으로 알려져 있다. 그 영향을 받아 고대 그리스에서도 기원전 6세기 무렵 주화가 제조되기 시작했다).

파르테논 신전과 비밀의 방

━━━━━ 파르테논 신전은 기원전 5세기경 고대 아테네 시민들이 도시의 수호신인 아테나를 기리기 위해 마련한 신전이다. 그리스 문화의 상징과도 같은 건축물로, 지금까지도 사람

들의 발길이 끊이지 않는 익숙한 장소다. 하지만 신전 내부의 가장 깊숙한 곳에는 일반인에게 잘 알려지지 않은 별도의 공간이 있다. 오피스토도모스^{Opisthodomos}라 불리는 비밀의 방이다. 신전 내부, 가장 비밀스러운 장소였던 이곳에서 과연 어떤 일들이 일어나고 있었을까?

고대사회에서 신전은 종교, 정치, 문화, 경제 등 모든 생활의 중심지였다. 신을 기리는 신성한 공간으로서의 기능이 가장 주요했을 테지만, 다른 한편으로 신전은 세속의 혼란과 폭력으로부터 차단된 가장 안전하고 튼튼한 장소이기도 했다. 이 때문에 지배계층이나 여러 도시국가들은 돈이나 보물, 귀금속, 문서 같은 중요 재산들을 신전에 보관했다. 신전 내에서도 가장 안쪽에 위치한 비밀의 방은 이런 용도에 더없이 적합한 장소였다. 당시로서는 가장 안전한 금고와도 같았던 셈이다. 기원전 5세기 펠로폰네소스 전쟁이 벌어진 무렵, 파르테논 신전에는 약 3,600만 드라크마(부엉이 은화 한 개는 4드라크마에 해당)의 은화가 보관되어 있었을 만큼 그 규모도 방대했다.

하지만 신전에 맡겨놓은 은화들이 비밀의 방에 고이 보관만 되어 있던 것은 아니다. 신전의 사제들은 자금이 필요한 도시국가나 개인을 상대로 돈을 빌려주기도 했다. 돈을 빌려준 대가로 대략 10퍼센트 내외의 이자를 받았지만, 가난한 사람이나 노예 신분에서 해방되기를 원하는 자들에게는 무이자나 저리

● 파르테논 신전과 비밀의 방

출처 · wikimedia

<전면>

로 돈을 빌려주기도 했다. 또한 여느 금전거래에서처럼 빌려준 돈을 떼이는 경우도 있었다. 기원전 4세기 무렵, 델로스의 신전에서는 도시국가 13곳에 돈을 빌려주었지만 그 가운데 정상적으로 원금을 회수한 곳은 두 도시에 불과할 정도였다.

비밀의 방에서 오늘날의 대출과 유사한 거래만 이루어진 것은 아니다. 재산을 안전하게 보관해주는 대가로 비용을 청구하거나, 당시 유통되던 동전을 순도와 무게에 따라 평가하고 다른 동전으로 교환해주는 것과 같은 거래도 존재했다. 이처럼 고대의 신전은 신전 본연의 기능 외에 대출이나 자산 보관, 환전 같은 초기 금융거래가 성사되는 장소이기도 했다.

믿음을 기초로 한 금융거래는 언제 시작되었나?

━━━━━━ 우리가 경험하는 금융거래 중 가장 대표적이고 오래된 것을 들자면 대출을 빼놓을 수 없다. 현대적 의미에서 대출이란, 돈을 빌려주고 일정한 시점이 되면 동일한 액수의 돈을 반환하기로 하는 당사자 간 약속을 말한다. 이런 금융거래는 돈을 빌린 사람이 약속된 날짜에 이를 갚을 것이라는 믿음을 바탕으로 한다. 대출을 일컬어 믿음을 준다는 의미에서 여신與信거래 또는 신용공여 행위로 부르는 것도 이 때문이다. 신용을 의미하는 'credit' 역시 믿는다는 뜻의 라틴어 'credo'에서 비롯한 것을 보면, 시대와 장소를 불문하고 금융거래의 핵심은 상대방에 대한 신뢰를 기초로 하고 있음을 알 수 있다.

신용을 기초로 돈을 빌리는 사람(흔히 '채무자'로 부른다)은 돈을 빌려주는 사람(채권자)을 상대로 그가 입게 될 손실이나 이익 상실의 대가를 보상해줄 필요도 있다. 돈을 빌려주는 사람의 입장에서는 그 돈을 다른 곳에 사용했다면 일정한 이익을 얻을 수 있기 때문이다. 이런 이유로 대출이라는 금융거래에 필연적으로 뒤따르게 되는 것이 바로 이자interest다. 이자의 어원인 라틴어 'intereo'에는 '잃다' 또는 '없어지다'라는 뜻이 있는데, 이런 점에서 이자란 결국 돈을 빌려주는 사람이 입게 될 기회비용의 상실을 보상해주는 것과 같다.

고대 메소포타미아 지역에서 곡식이나 금속을 거래하던 행위는, 비록 돈 자체를 대상으로 한 것은 아니지만, 오늘날 대출 방식의 금융거래와 본질적으로 다를 바 없다. 곡식이 필요한 사람은 여분의 곡식이 있는 자로부터 이를 빌리고, 수확기가 되면 갚기로 약속했다. 전쟁을 치러야 하는 도시국가들 역시 마찬가지였다. 정해진 날짜에 되갚는다는 약속 하에 신전으로부터 필요한 만큼 은화를 빌릴 수 있었다. 이런 행위들은 자신의 경제적 필요를 충족할 목적으로 상대방과 신용에 기초하여 거래하는 형태였다.

빌린 것을 갚아야 할 시점에 추가로 지급되는 은이나 곡식은 오늘날 시점에서 보자면 이자의 기능을 담당했다. 곡식을 빌려준 사람은 이로 인해 씨앗을 뿌리고 더 많은 곡식을 수확할 기회를 잃게 된다. 은과 같은 교환 수단을 빌려준 사람 역시 마찬가지로 새로운 재산을 취득하거나 다른 용도로 활용할 기회를 잃게 된다. 하지만 처음 빌려준 것보다 더 많은 양을 반환받음으로써 자신이 입게 될 기회비용의 상실을 보상받을 수 있다.

함무라비 법전은 은과 곡식에 대한 이자율을 왜 각각 다르게 정해놓았을까? 이 역시 기회비용의 보상이라는 이자의 성격을 통해 파악해볼 수 있다. 곡식을 빌려 씨앗을 뿌렸다면, 수확기에는 빌린 씨앗의 양보다 몇 배에 달하는 소출을 얻을 수 있다. 주로 재화의 교환 수단으로 활용되던 은과 비교할 때 곡식을 빌려준 데 따른 기회비용이 훨씬 더 컸던 것이다. 이러한 기회비용의 차이는 33.3퍼센트와 20퍼센트라는 이자율 차이로 반영되었다.

이처럼 신뢰를 기반으로 한 금융거래는 문명의 탄생과 더불어 시작되었다고 해도 과언이 아니다. 화폐를 대상으로 한 금융거래가 나타나기 이전부터 이미 금융은 삶의 한 수단으로 자리 잡아가고 있었다. 고대사회의 신전처럼 직접 눈으로 확인할 수 있는 유형의 것은 아니었지만, 이때부터 금융은 문명생활을 위한 필수품이었는지도 모른다.

02 일곱 번째 지옥에 이르는 길

이자와 기독교

"저들의 아픔은 눈에서 솟아나고
여기저기서 때로는 불기운을,
때로는 훨훨 타는 땅을 손을 내저어 피하더라.
그러나 누구의 목에든지
어떤 빛깔과 특징이 있는 돈주머니가 달려 있어
시선을 떼지 못한 채 흡족하게 바라만 보더라."

단테의 《신곡》 중 〈지옥〉 편

신전 밖으로 나간 금융

━━━━━━ 고대 신전에 보관되어 있던 화폐나 재물은 대출의 형태로 이를 필요로 하는 자들에게 분배되었다. 초기에는 신전과 사제가 중심이 되어 이런 일을 직접 처리했다. 하지만 이와 같은 세속의 업무는 점차 신전 밖의 사람들이 그 역할을 대리했다. 민간 중개업자들이 신전에 봉헌되는 재산을 관리하고 이를 빌려주는 일을 도맡아 처리한 것이다. 이와 더불어 도시가 형성되고 교역이 활발해지면서 개인 간 금융거래 역시 확대되는 모습을 보였다.

신전 안에 머물러 있던 금융이 세상 밖으로 나오자, 금융거래는 과거와는 다른 양상을 보였다. 거래는 이전과 비교할 수 없을 만큼 활발해졌고, 금융은 서서히 상업적 색채를 띠기 시작했다. 하지만 인간의 생리가 그러하듯, 자신이 제공한 것에 비해 과도한 대가를 요구하는 사람은 언제 어디서나 존재하기 마련이다. 금융거래에서 이런 모습은 높은 이자를 징수하는 '고리대금업'의 형태로 나타났다.

고리대금업자는 당시 통용되던 이자율의 몇 배에 달하는 보상을 요구했다. 빌려준 돈을 떼일 것에 대비해 토지나 귀중품을 담보로 잡고, 돈을 갚지 못한 이들을 노예로 삼기까지 했다. 함무라비 법전에서 최고 이자율을 정해둔 것이나, 노예로 삼은 채무자를 4년째 되는 해에는 해방시키도록 한 것은 이런 세태를 반영한 결과였다.

고리대금에 대한 인식은 동서고금을 막론하고 그리 우호적이지 않다. 단테가《신곡》의 〈지옥〉 편에서 지옥에서 고통받는 고리대금업자의 모습을 묘사한 것만 봐도 잘 알 수 있다. 영어로는 고리대금을 'usury'라고 하는데, 사실 이 단어에 처음부터 부정적인 꼬리표가 붙어 있던 것은 아니다. 중세 이전에는 단순히 '이자'를 나타내는 데 그쳤으나 중세를 지나면서 정상보다 높은 수준의 이자를 뜻하는 것으로 의미가 변화했다. 그러다 오늘날에 와서는 약탈에 버금갈 정도로 과도한 이자를 부과하는 행위라는 뜻으로 쓰이고 있다. 그렇다면 단순히 이자를 의미하던 'usury'에 고리대금이라는 부정적인 의미가 생겨난 배

● **단테의《신곡》중 〈지옥〉 편**

돈주머니를 목에 건 세 명의 고리대금업자(사진 오른쪽)가 영원한 고통에 시달리고 있다.
출처 · British Library

경은 무엇이었을까?

금융의 암흑시대를 불러온 기독교

━━━━━━━━ 고대 그리스 문화와 제도를 계수한 로마 시대에
도 대출, 환전 같은 기초적인 금융 기능이 존재했다. 이 시기 대
출거래에서는 담보 유무나 위험성 등에 따라 통상 4~12퍼센트
수준의 가변적인 이자율이 적용되었다. 하지만 건축이나 법률
분야의 화려했던 유산과 달리, 금융에 관한 한 이렇다 할 혁신
적인 변화는 없던 시기였다. 1,000년 이상 지속된 로마의 융성
은 오히려 금융의 암흑시대를 초래한 원인으로 지목되곤 한다.
바로 로마제국이 받아들였던 기독교 때문이다.

기독교에서 신앙의 자유가 인정된 것은 313년, 콘스탄티누
스 1세가 밀라노 칙령을 발표하면서부터였다. 이로써 예수 사
후 지속되어온 기독교 박해는 공식적으로 종결되었다. 이후
392년에는 기독교가 로마의 국교로 인정되기에 이르렀다. 그
러나 이 같은 변화는 과거부터 이어져온 금융 관행에 제동을
거는 요인이 되기도 했다. 기독교 교리에 따르면 노동 없이 얻
는 소득은 불로소득으로 죄악시했기 때문이다. 다음 성경 구절
에서도 드러나듯, 돈을 빌려주고 이자를 받는 행위는 교회법에
정면으로 저촉되는 일이었다.

"백성에게 돈을 꾸어 주게 되거든 그에게 채권자 행세를 하
거나 이자를 받지 마라." 출애굽기 22장
"너는 그에게 이자를 위해 돈을 꾸어주지 말고, 이익을 위해
양식을 내어주어서도 안 된다." 레위기 25장

이러한 교리에 따라, 325년 니케아공의회Council of Nicea에서는
성직자들이 돈을 빌려주고 이자를 받는 행위를 전면 금지하기
에 이르렀다. 당시 회의를 통해 월 1퍼센트가 넘는 수준의 이
자는 고리대금에 해당한다는 공식적인 기준이 마련되었다. 이
후 고리대금을 금지하는 내용은 성직자뿐만 아니라 일반 신도
들에게까지 확대 적용되었다. 교회의 이 같은 입장은 중세 전
반에 걸쳐 여러 교황과 신학자들도 강조하곤 했다. 신학자들은
고리대금업에 종사하는 것을 십계명을 위반한 것과 동일한 행
위로 평가했다. 아우구스티누스 같은 신학자는 빌려준 것보다
더 많이 돌려받기를 '기대'하는 것도 정신적인 죄악에 해당한다
고 볼 정도였다.

고리대금업에 종사할 경우 치러야 할 대가는 컸다. 교회가
세상의 중심이던 시절이었던 만큼 교회로부터 파면을 당하는
불이익을 감수해야 했다. 더불어 사망 시에는 종교적 장례 절
차가 허용되지 않고 동물의 사체와 함께 매장되는 불명예를 안
아야 했다. 중세 시기 계속된 고리대금에 대한 규제는 단순히

높은 이율로 돈을 빌려주는 것을 금지하는 데 그치지 않았다. 사회 전체적으로 대출을 비롯한 금융업 자체가 설 자리를 잃게 만들었고, 이런 분위기에서 기독교인들이 금융 활동에 종사할 여지는 없었다. 중세는 금융 분야에서도 가히 암흑기라 할 만한 시기였다.

변방의 금융업자들: 유대인과 롬바르도

━━━━━━━ 기독교가 고리대금을 엄격히 금지하고 있었지만, 실상 이 시기에도 금융은 필요악과 같은 존재였다. 교회는 신도들로부터 거둬들이는 막대한 재산을 관리해야 했고, 교회나 수도원을 운영하기 위해서는 돈이 필요하기 마련이었다. 유럽 각국의 통치자나 영주들 역시 전쟁을 치르거나 호화로운 생활을 유지하기 위해서는 똑같은 고민을 할 수밖에 없었다. 이 때문에 당시 경제 자원이 집중되어 있던 교회나 수도원에서는 암암리에 대출이 이루어지기도 했다. 하지만 신실한 기독교인이 직접 금융 활동에 나선다는 것은 상상할 수 없는 일이었다. 이들을 대신해 필요악에 해당하는 일을 수행했던 사람은 유대인이었다.

유대인도 처음부터 금융업에 활발히 종사했던 것은 아니었다. 이자 징수를 금지하는 성경의 내용은 이들에게도 동일하게 적용되었기 때문이다. 로마 시대에 농지를 소유할 수도, 군인 신분으로 전쟁에 참여할 수도 없던 이들이 생계를 위해 주로 택한 것은 상업이었다. 그러던 중 유대인은 성경 구절을 통해 금융업에 종사할 수 있는 근거를 찾아냈다.

"외국인에게는 돈을 빌려주고 이자를 받더라도, 형제들로부터는 이자를 받지 마라."
신명기 23장

이 내용에 따르면 고리대금은 같은 형제인 유대인을 대상으로 할 때에만 금지되는 것이었다. 다시 말해 유대인이 아닌 자들에게 돈을 빌려주는 것은 얼마든지 가능하다는 취지로 해석할 수 있었다. 정확히 언제부터였는지는 알 수 없지만, 이를 근거로 유대인은 일반적인 상업 형태를 벗어나 금융업에도 손을 대기 시작했다. 이집트 북부나 스페인 지역에서 이들이 대출업에 종사했다는 기록을 토대로, 역사학자들은 늦어도 7~8세기 무렵에는 유대인이 본격적으로 금융업에 진출했다고 보고 있다.

유대인은 늘 박해받던 처지에 있었지만 금융에서만큼은 예외였다. 이렇다 할 경쟁자가 없던 탓에 금융 분야에서는 독보적인 전문가 역할을 했다. 이들의 주요 고객 중 하나는 당시 지배계층인 교회나 통치자들이었다. 이들은 교회법에 따라 기독교인에게 돈을 빌릴 수 없었으므로, 자금이 부족할 때면 늘 유대인의 도움을 받았다. 중세 시대에 억눌려 있던 금융의 기능이 이들을 통해서나마 발휘될 수 있었던 것이다. 오늘날 세계 금융시장을 쥐락펴락하는 유대인의 막강한 영향력은 이때부터 시작되었다고 보아도 무방하다.

유대인과 더불어 중세의 금융 수요를 충족시켜준 사람들은 롬바르도Lombardo라 불리는 이탈리아 출신의 전당포 업자들이었다. 게르만족에 뿌리를 둔 이들은 약 11세기 무렵부터 당시 유대인의 전유물이던 금융업에 진출하기 시작했다. 북부 이탈리아 지역을 기반으로 삼아, 이후로는 유럽 전역으로 활동범위를 넓혀갔다. 롬바르도의 주요 고객층이나 영업 방식은 유대인들과는 사뭇 달랐다. 이들은 기사나 신분이 낮은 사람들을 상대로 가축이나 의류, 책, 귀금속 등을 담보로 받고 비교적 소액의 자금을 빌려주었다. 이자율은 연간 30퍼센트에서 300퍼센트에 이를 만큼 대단히 높은 수준이었다. 이러한 이유 때문인지, 당시 롬바르도라는 명칭에는 이들에 대한 경멸이나 멸시의 의미가 담겨 있었다고 한다.

롬바르도는 사회적 지위가 낮은 편이었지만, 이들은 소시민의 금융 수요를 충족시켜주는 유용한 창구였다. 이런 역할을 토대로, 12세기에 들어서는 각국 군주로부터 정식 면허를 받고 고리대금업을 영위하기 시작했다. 군주들은 이 과정에서 고액의 면허세를 부과해 별도의 수입원으로 삼았다. 군주들은 기독교 교리를 어기지 않은 채 실속을 챙길 수 있었고, 당시 사람들은 제한적이나마 금융의 혜택을 누릴 수 있었다.

금융을 해방시킨 종교개혁

━━━━━━━ 고리대금을 금지하던 중세 기독교 교리에 금이 가기 시작한 것은 16세기에 들어서였다. 15~16세기 최대 금융 가문이었던 독일의 푸거Fugger 가문이 이 같은 변화를 이끌어낸 장본인이었다. 다만 이런 변화는 가문의 이익을 수호하기 위한 철저히 실리적인 계산에서 비롯된 것이었다. 당시 푸거 가문은 고위 성직자나 귀족을 상대로 연 5퍼센트 수준의 이익을 약속하고 거액의 돈을 맡아 보관해주었다. 그런 다음 이 돈을 추가 대출 재원으로 활용해 막대한 부를 쌓았다. 신성로마제국 황제 자리에 오른 합스부르크 가문의 카를 5세를 비롯해, 뇌물로 고위 성직자 자리를 꿰차려는 많은 이들이 푸거 가문의 도움을 받았다(마인츠 대주교 자리에 오르기 위해 푸거가로부터 거액을 빌렸던 알브레히트 주교는 이 돈을 갚기 위해 면죄부를 판매한 것으로 유명하다).

그러나 푸거 가문의 독주는 이내 동시대 지식인들과 경쟁 사업자들의 반감을 샀다. 이들이 문제 삼은 것은 푸거 가문의 영업 방식이었다. 이들은 고객이 맡긴 돈에 이자를 지급하는 것이 고리대금에 해당한다는 점을 들어 푸거 가문을 거세게 비난했다. 이런 공격을 방치할 경우 푸거 가문의 영향력이 줄어들 것은 뻔한 일이었다.

푸거 가문은 요한 에크Johann Eck라는 젊은 신학자를 통해 반격에 나섰다. 1515년, 푸거 가문의 후원을 받은 에크는 《계약에 관한 연구》라는 저술을 통해 이자 징수의 적법성을 주장하고 나섰다. 돈을 빌리는 사람에게 피해를 주지 않고, 돈을 빌려주는 사람 역시 돈을 떼일 위험을 감수한다면 고리대금에 해당하지 않는다는 것이었다. 푸거 가문의 노력은 가시적인 성과로도 나타났다. 1515년 제5차 라테란공의회Lateran Council 기간 중 교황 레오 10세가 이자 징수를 합법화하는 칙령을 공표한 것이다. 메디치 은행 가문의 후손이자 각종 로비와 금전관계로 푸거 가문과 얽혀 있던 그의 이력을 감안하면 그리 놀랍지 않은 행보였다.

하지만 중세 기독교 교리와 금융 세계관이 근본적으로 변화하게 된 것은 16세기 종교개혁가들의 노력에 의해서였다. 대표적인 인물은 교회의 면죄부 판매에 반대하며 종교개혁 운동을 촉발했던 마르틴 루터였다. 초창기의 루터는 성경의 내용처럼 고리대금에 엄격히 반대하는 입장이었다. 그러나 1525년, 독일 농민 전쟁을 전후해 이들의 열악한 생활상을 목격하면서 그의 생각도 차츰 변화했다. 높은 이자로 사람들을 착

● 종교개혁운동으로 금융의 족쇄를 풀어준 루터(좌)와 칼뱅(우)

출처 · wikimedia

취하고 부당한 이익을 얻는 것은 금지되지만, 이들을 도울 목적으로 연 5~6퍼센트 수준의 이자를 받는 것은 허용될 수 있다고 본 것이다.

이런 논조는 이후 츠빙글리, 칼뱅 같은 종교개혁가도 그대로 유지했다. 특히 스위스의 상업 도시 제네바를 주 활동무대로 삼았던 칼뱅은 이자 지급에 더 적극적인 입장이었다. 그는 자신의 연구 결과를 토대로 고리대금에 관한 성경 내용을 제한적으로 해석해야 한다고 주장했다. 이 해석에 따르면 교회법상 금지되는 것은 금융을 매개로 사람들에게 해악을 끼치는 일로 한정되었다. 그와 달리 무역업자나 상인처럼 돈을 빌려 유용한 사업자금으로 쓰거나 새로운 이윤을 창출해내는 것은 고리대금에 해당하지 않는다고 평가했다. 거래 과정에서 돈을 빌려주고 이자를 받는 것을 정당하고 자연스러운 일로 보았던 것이다. 가톨릭교회 역시 기존의 입장을 정면으로 번복하진 않았지만, 종교개혁 이후 5퍼센트 수준의 이자는 사실상 용인해주는 분위기였다. 그러다가 점차적으로 법으로 허용되는 정도의 이자를 받는 것은 교리에 저촉되지 않는다는 입장으로 선회했다.

1,000년 이상 금융의 발전을 가로막고 있던 족쇄는, 이 같은 종교개혁가들의 노력에 의해 비로소 풀릴 수 있었다.

03 최초의 국제금융 조직

템플기사단

신앙과 청빈의 상징, 템플기사단

━━━━━ 1071년, 동로마제국과 셀주크제국 간에 벌어진 만지케르트(오늘날 튀르키예 말라즈기르트 지역) 전투는 십자군 전쟁Crusades을 촉발한 주요 원인 중 하나였다. 동로마제국이 패전한 뒤 유럽의 기독교인들은 더 이상 예루살렘으로 향하는 성지순례길에 나설 수 없었다. 동로마제국의 패전은 정치·경제적으로도 유럽 대륙 전체에 위기감을 안겨주기에 충분했다. 이슬람세력이 지중해 남동부 지역의 패권을 차지하는 것은 물론, 여차하면 유럽 본토를 넘볼 수도 있는 상황이었기 때문이다. 교황청과 동로마제국을 위시한 유럽 왕실이 반격에 나선 것은 그로

부터 20여 년이 지난 시점이었다.

1095년 11월 27일, 교황 우르바누스 2세는 프랑스 클레르몽에서 소집된 공의회를 통해 "신이 그것을 바라신다"고 선포하며 성전聖戰의 개시를 알리고, 성지 회복과 기독교 세력의 결집을 촉구했다. 여덟 차례에 걸쳐 근 200년간 이어진 십자군 전쟁의 시작이었다. 십자군 전쟁은 이후 교회의 몰락과 함께 중세 시대의 붕괴를 불러온 일대 사건으로 평가받고 있지만, 이 시기 금융사에서도 주목할 만한 일이 전개되었다. 국제적 금융 조직으로서의 면모를 보여준 템플기사단이 바로 그 주인공이다.

제1차 십자군 전쟁(1096~1099)의 결과, 기독교인들은 우여곡절 끝에 예루살렘 탈환에 성공했다. 하지만 약 10만 명에 달했던 십자군의 주축은 정식 군대라고 보기 어려운 수준이었다. 인생 역전을 꿈꾸며 유럽 각지에서 몰려온 가난한 농민과 부랑인들이 대다수였다. 이들은 전쟁 과정에서 크고 작은 약탈 행위를 자행한 것은 물론, 이슬람교도와 유대인을 이교도로 몰아무참히 살해하기도 했다. 이 때문에 이슬람교도들의 증오나 적개심은 쉽게 잦아들지 않았다. 예루살렘 탈환 후 수많은 기독교인들의 순례가 이어졌는데, 순례 도중 재산을 빼앗기거나 목숨을 잃는 일이 부지기수였다. 꼭 종교적 반목 때문이 아니더라도, 거금을 소지한 채 장거리 여행에 나섰다가는 범죄의 표적이 되기 십상이었다.

● 템플기사단(좌)과 템플기사단을 상징하는 문양(우)

출처 · wikimedia

　이런 연유로 1119년, 아홉 명의 경건한 기사들이 모여 결성한 단체가 바로 템플기사단이다. 정식 명칭은 '그리스도와 솔로몬 성전의 가난한 기사들Order of the poor Fellow-Soldiers of Christ and the Temple of Solomon'이었다. 신앙과 청빈으로 상징되던 기사단의 주요 임무는 성지로 향하는 순례자들을 범죄로부터 안전하게 지켜주는 것이었다. 붉은 십자가 문양의 옷을 입고 칼과 방패를 손에 쥔 모습은 이들의 트레이드마크와도 같았다.

　기사단의 취지에 공감한 수도사들의 참여가 이어지자, 템플기사단은 기독교 세력의 수호를 위한 군사적 면모까지 갖춰나갔다. 이들은 유럽에서 예루살렘에 이르는 길목마다 요새를 짓고 군사력을 정비했다. 이윽고 교황청은 1128년 템플기사단을 정식으로 승인하기에 이르렀으며, 교인들은 기사단을 상대로 열렬한 환영과 지지를 보냈다. 토지나 금전 같은 물질적인 후원도 아끼지 않았다. 가난과 신앙을 기초로 시작되었지만, 이러한 후원에 힘입어 템플기사단은 경제력까지 갖춘 부유한 단체로 거듭나게 되었다.

기사단의 새로운 부업

━━━━━━━ 기독교인들의 바람과 달리 성지 회복은 오래가지 못했다. 십자군이 점령한 지역을 중심으로 예루살렘 왕국이 들어서기도 했지만, 이슬람 세력의 반격 역시 만만치 않았다. 급기야 1187년, 지도자 살라딘을 앞세운 이슬람 세력은 예루살렘을 재탈환하는 데 성공했다. 하지만 성지를 되찾으려는 염원은 기독교인들도 마찬가지여서, 십자군 전쟁은 그 후로도 13세기 말까지 이어졌다. 교황과 유럽의 왕실은 이 기간 템플기사단에 지속적으로 자금을 지원했다. 그러나 십자군 전쟁을 통해 막대한 부를 축적한 기사단은 초창기의 모습과는 거리가 있었다. 성지 회복과 기독교인 보호라는 본연의 임무보다는 부업에 더 치중했다. 바로 금융업이었다.

템플기사단은 전쟁이 계속되는 동안 십자군의 주요 길목마다 지부branch를 만들어두었다. 유럽에서 예루살렘으로 이어지는 수백여 개 지부는 오늘날 다국적 기업의 네트워크를 능가할

정도였다. 촘촘한 조직망을 통해 물품 조달과 자금관리 업무를
도맡아 처리한 것도 이들이었다. 이 과정에서 자연스레 환전,
결제 같은 금융거래 경험도 축적할 수 있었다. 기사단이 보유한
막대한 재산과 광범위한 조직망, 이들이 제공하는 금융 기능의
면면을 보자면 국제적 금융 조직으로 보기에 손색이 없었다.

기사단이 제공했던 대표적인 금융 기능은 장거리 송금과 환
전 업무였다. 가령 로마에서 예루살렘으로 성지순례에 나선 여
행자의 모습을 상상해보자. 템플기사단이 있는 한, 순례자는 거
금을 소지한 채 장거리 여행을 떠나는 위험을 감수할 필요가

● **1300년대 템플기사단의 광범위한 금융 조직망**

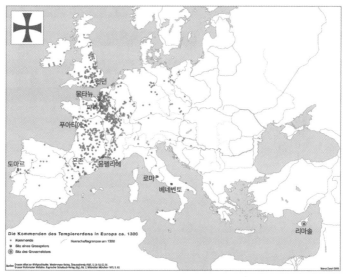

출처 · Marco Zanoli, wikimedia

없었다. 순례자는 로마에 있는 템플기사단 지부에 돈을 맡기고 이에 대한 증명서를 발급받아 여행을 떠나면 그만이었다. 목적지인 예루살렘으로 가는 동안 돈이 필요하다면 현지의 템플기사단 지부를 방문하면 된다. 로마에서 발급받은 증명서를 제시하고 필요한 만큼 돈을 찾을 수 있기 때문이다. 증명서에 표시된 화폐와 현지에서 쓰이는 화폐 종류가 다른 것 역시 큰 문제가 되지 않았다. 현지의 템플기사단 지부가 제공하는 환전 서비스를 통해 간단히 해결 가능했기 때문이다.

이 같은 편리함 덕분에 템플기사단의 서비스를 이용하던 고객은 순례자나 군인에 국한되지 않았다. 당시 교역에 종사하던 상인들은 템플기사단이 제공하는 송금망의 혜택을 보다 직접적으로 누릴 수 있었다.

기사단은 유럽의 왕실이나 귀족, 성직자를 상대로 은행과 유사한 기능을 수행하기도 했다. 기사단이 보유한 막대한 재산이 그 토대였다. 병사들의 밀린 월급을 지급해야 하거나 교회 운영에 필요한 돈이 부족할 때면 어김없이 도움을 구할 수 있는 곳도 템플기사단이었다. 물론 당시에도 교회법에 따라 고리대금은 금지되었지만, 이들을 상대로 '거금'을 빌려주는 것은 암묵적으로 용인되던 일이었다. 군주들이 맡겨둔 재산을 보관하거나, 이들의 채권·채무관계를 정리해주는 일도 기사단의 빼놓을 수 없는 업무 중 하나였다. 군주들 사이에 주고받을 돈을 정산하고 템플기사단 지부를 통해 그 차액만을 지급하는 것은 오늘날 지급결제 서비스와 크게 다르지 않았다.

템플기사단의 허무한 몰락과 숨겨진 재산의 행방

━━━━━━━ 금융이라는 부업에 몰두하는 동안, 템플기사단은 교황이나 왕실도 무시하기 어려운 초정부기관으로 성장해 갔다. 13세기 후반 무렵, 이들이 유럽 전역에 걸쳐 보유한 영지는 9,000여 곳에 달했다. 연간 수입 규모는 영국 왕실의 200배 수준이었다. 풍부한 자금력을 바탕으로 템플기사단은 암흑의 중세 시대, 유럽의 경제와 금융을 떠받치는 중추와도 같은 역할을 했다. 하지만 이들이 가진 막대한 재산과 영향력은 다른 한편으로 재앙의 불씨가 되기도 했다.

1285년 프랑스 왕위에 오른 필리프 4세는 템플기사단의 주요 고객 중 한 명이었다. 당시 프랑스 왕실은 십자군 전쟁과 주변국과의 연이은 분쟁으로 인해 템플기사단은 물론 유대인들에게도 거액의 빚을 지고 있었다. 정상적인 채무상환이 불가능하다고 판단되자, 필리프 4세는 빚을 면하기 위한 방안을 찾는 데 골몰했다. 유대인들에게 진 빚은 비교적 쉽게 해결할 수 있었다. 이들의 재산을 몰수하고 국외로 추방하면 되었기 때문이다.

기독교인으로 구성된 템플기사단에 대해서는 다른 방법을 동원했다. 우상숭배와 신성모독, 부정부패 혐의로 단원들을 모조리 체포하고 기사단을 와해시키는 것이었다. 필리프 4세의 밀서를 통해 1307년 한 해에 프랑스에서만 3,000여 명의 단원이 체포되었다. 또한 전임 교황을 살해하고 교황에 오른 클레멘스 5세를 협박해 유럽 전역에 있는 단원들을 체포하고 기사단의 해산을 명하도록 했다. 명백한 증거는 없었지만 단원들은 모진 고문에 못 이겨 혐의를 자백했다. 단장이었던 자크 드 몰레Jacques de Molay를 비롯한 주요 단원들이 화형을 당하고 기사단의 재산은 몰수되었다. 필리프 4세의 빚에서 비롯된 정치적 계산으로 인해 템플기사단은 허무한 종말을 맞고야 말았다.

하지만 기사단 최후의 단장이었던 자크 드 몰레는 부활을 위한 희망의 끈까지 내려놓지는 않았다. 그는 화형당하기 직전 비밀리에 그의 조카에게 단장 직위를 물려주고 기사단의 재건을 도모했다. 이와 함께 아직 몰수되지 않은 기사단의 숨겨진 재산과 보물에 관한 정보도 알려주었다고 전해진다. 몰수한 재산이 생각보다 적다고 여긴 필리프 4세도 이를 찾기 위해 노력해보았지만 허사였다. 템플기사단이 이끌었던 거대 금융 조직의 흔적은 온데간데없지만, 이들이 숨겨두었다는 막대한 재산과 보물의 행방은 오늘날까지도 흥미로운 전설로 남아 있다.

04 은행가라 불린 사람들

금융이라는 무대의 새로운 주역, 환전상

━━━━━ 십자군 전쟁은 기독교와 이슬람 세력 간 충돌을
불러온 사건이지만, 유럽과 중동, 아시아 지역 사이의 교역이
비약적으로 증가하게 된 계기이기도 했다. 이들 지역의 길목에
위치한 지중해 인근 도시들은 그로 인한 최대의 수혜 지역이었
다. 이탈리아의 제노바, 베네치아, 피렌체, 피사 같은 도시들이
다. 이 도시들은 천혜의 지리적 장점을 바탕으로 12세기 말 이
후 무역과 금융의 새로운 중심지로 부상했다. 템플기사단의 해
체로 야기될 법한 금융의 공백 상태는 전혀 느껴지지 않을 정
도였다. 훗날 네덜란드와 영국으로 금융 중심지가 이동하기까

지 약 4~5세기 동안, 금융이라는 무대의 주역은 단연 이탈리아인 차지였다.

당시 지중해 인근으로 몰려든 상인들이 거래를 할 때 맞닥뜨리는 가장 큰 장애물은 무엇이었을까? 언어나 관습, 문화의 차이에서 비롯되는 어려움도 있었겠지만, 이는 부차적이었다. 가장 큰 문제는 서로 다른 지역에서 찾아온 상인들이 사용하는 화폐 역시 제각각이라는 점이었다. 파리에서 온 상인이 중동에서 유통되는 화폐를 받고 상품을 팔 수는 없는 노릇이었다. 상인들이 겪는 이 같은 어려움을 해결해준 것은 다름 아닌 환전상money changer이었다.

베네치아, 제노바 등 주요 무역 도시를 거점으로 활동하던 환전상은 교역을 위해 없어서는 안 될 존재였다. 환전상은 여러 지역에서 흘러들어온 화폐의 무게와 순도, 금속의 종류 등을 토대로 화폐의 교환가치를 평가했다. 상인들은 이들이 산정한 교환 비율에 따라 자신의 화폐를 다른 종류의 화폐로 쉽게 교환할 수 있었다. 이를테면 중동 지역 상인은 자신이 가져온 화폐를 환전상을 통해 필요한 화폐로 교환하고, 유럽에서 온 상인과도 수월하게 거래를 할 수 있었던 것이다.

화폐의 가치를 측정하고 교환해주는 일은 꽤나 정교한 작업에 해당했다. 이 때문에 환전상은 그 대가로 교환 대금의 1~2퍼센트 정도를 수수료로 부과했다. 물론 당시에도 교회법에 따라 돈을 빌려주고 이자를 받는 것은 엄격히 금지되어 있었다. 하지만 돈과 돈을 교환해주는 것은 물물교환의 일종으로 평가되어 교회법의 제한을 비켜갈 수 있었다.

은행이 뱅크로 불리게 된 까닭은?

━━━━━ 당시 환전상의 업무 방식은 대동소이했다. 초창기에 이들은 상인들로 북적이는 거리 한 켠에 천막을 치고 '방카banca'라 불리는 좌판을 펼친 채 화폐의 교환 비율을 흥정했다. 길거리의 허름한 천막들은 점차 구색을 갖춘 건물 형태로 변화해갔다. 하지만 이들이 업무용 테이블로 쓰던 '방카'의 흔적은 은행을 의미하는 단어인 '뱅크bank'에 고스란히 남아 전해진다. 업무용 테이블 주위로는 환전에 필요한 여러 비품들이 마련되어 있었다. 화폐의 무게를 측정하기 위한 저울, 화폐를 안전하게 보관하기 위한 금고, 상인들과의 거래 내역을 적은 장부 같은 것들이다.

화폐의 교환 기능을 담당했던 초기 환전상의 역할은 유대인이나 롬바르도가 수행하던 금전 대부자의 역할과는 분명 구분되는 것이었다. 하지만 상거래의 증가와 더불어 환전상은 조금씩 전문 금융가의 모습을 닮아가기 시작했다. 금고를 이용해 상인들이 맡긴 화폐를 보관해주고, 그에 대한 증표로서 보관

● 그림 〈환전상과 그의 아내〉

출처 · Marinus van Reymerswaele, wikimedia

증서를 발급해주는 일이 늘어났다. 그러자 상인들 간에는 직접 화폐를 주고받는 일 없이, 환전상이 발급한 보관증서를 교부하는 것으로 대금 지급을 갈음하기도 했다. 상인 간 거래에 대한 결제 기능을 환전상이 대신해준 것이었다. 이와 더불어 환전상은 금고에 보관 중인 화폐를 은밀하게 빌려주고, 이에 대한 대가를 받는 방식으로 추가 수입을 올리기도 했다.

이런 업무들은 비록 단순한 형태이긴 했지만, 우리가 알고 있는 은행의 역할과 큰 차이가 없었다. 이 같은 경험을 토대로 환전상들은 이후 어음이나 대출, 예금 같은 분야로도 외연을 확장해나갈 수 있었다. 훗날 메디치 가문으로 대표되는 중세 시대 대규모 금융업자가 출현하게 된 것도 이들의 축적된 경험과 노하우가 없었다면 상상하기 어려운 일이었다.

환전으로 재산을 불려가던 상인들은 그들만의 연합체인 환전상 조합을 조직하고 입지를 확대해갔다. 13세기 무렵 이탈리아에서는 이미 복수의 환전상 조합이 결성되어 있었으며, 이를 통해 국제교역에 참여하던 사업체 수만 해도 20여 개에 달했다. 그중에서도 시에나 지역에 기반을 둔 본시뇨리 가문, 톨로메이 가문, 살림베니 가문 등은 13세기에 두각을 나타낸 금융가들이었다. 이들은 이탈리아뿐 아니라 당시 교역이 활발했던 샹파뉴, 파리, 런던 등지에서 각국에서 유입된 다양한 화폐를 능숙하게 교환해주었다.

14세기 초반 피렌체에서는 메디치 가문 이전에 유럽 최대의 금융가로 군림했던 두 집단의 영향력이 두드러졌다. 바로 피렌체의 연대기 작가 조반니 빌라니가 "기독교 세계를 떠받치는 두 기둥"으로 묘사했던 바르디 가문과 페루치 가문이다. 이들은 환전상 조합의 일원인 동시에 남부 이탈리아의 곡물 무역 및 잉글랜드와의 양모 무역에서도 독보적인 역할을 했다. 사업에서 이룬 성공을 바탕으로 막대한 이익을 거두고, 이 돈을 다시 교황청과 유럽의 주요 왕실에 대부해줌으로써 당시 누구도 대체할 수 없는 은행가의 역할을 수행하기도 했다. 금융가로서의 규모 역시 방대했다. 바르디가의 경우 이탈리아의 11개 주요 도시에 사무소를 둔 것은 물론, 지중해와 흑해 인근의 주요 교역 도시를 중심으로 14개의 지사를 거느릴 정도였다. 이외에도 아치아이우올리 가문 역시 두 가문과 때로는 경쟁자로, 때로는 협력자로 우호적인 관계를 맺으면서 14세기 초반 대표적인 금융 가문을 형성하고 있었다(다만 백년 전쟁으로 야기된 잉글랜드 왕실의 지급불능 사태와 그로 인한 정치적·경제적 위기로 인해 이들 세 가문은 1343~1346년에 모두 파산하고 만다).

은행가 시대의 도래

━━━━━━ 십자군 전쟁 이후 교역량은 크게 증가했지만, 사실 이때까지도 금융가들의 지위가 확고히 자리 잡은 것은 아니었다. 금전의 대부는 교황청과 왕실의 필요에 따라 암묵적으로 용인되던 것일 뿐 교회법상으로는 여전히 금기시되는 일이었다. 환전 기능 역시 원활한 무역을 위해 필요한 일이긴 하나, 그 중요성은 교역 자체에 비할 것은 아니었다. 현실 세계에서 막강한 영향력을 행사하는 것은 고사하고, 금융가로서 독자적인 사회적 지위를 인정받기도 힘들었다. 이러한 기류는 13세기 이후 대규모 금융업자들이 나타나면서부터 점차 변화해갔다.

이전까지 교회세 징수나 이송 같은 교황청의 자금관리를 도맡아 처리하던 것은 로마인들이었다. 하지만 13세기 들어 시에

나의 금융가들은 교황청 상인의 지위를 얻어 교황청의 자금을 관리하고 부족한 자금을 대부해주기 시작했다. 특히 13세기 중반 무렵 본시뇨리 가문은 교황청의 자금관리 업무를 독점하고 유럽의 주요 왕국들을 고객으로 확보할 만큼 위세가 등등했다.

13세기 말 본시뇨리 가문이 몰락한 후로는 바루디, 페루치 같은 피렌체의 금융 가문들이 바통을 이어받았다. 이들 역시 기본적으로는 교황청의 훌륭한 자금창구 역할을 수행했지만, 자신들의 사회적·경제적 영향력 확대에도 힘을 기울였다. 교황청과의 거래를 통해 얻은 후광을 발판으로 곡물, 양모 등 무역사업에서 다양한 특혜를 부여받고 유럽 최대의 무역회사이자 금융회사로 발돋움한 것이다. 이들이 빌려주는 자금으로 각국의 군주들은 전쟁을 치르고 왕실을 운영해나갔다. 이러한 면면을 보자면, 이 시기 대규모 금융업자들이 세상을 움직이던 막후의 실력자로 평가받는 것도 무리는 아니었다.

한편 12세기 무렵부터 이탈리아의 공증인들은 돈을 대상으로 거래를 하고 그와 관계된 일을 하는 사람을 가리켜 일반 상인mercante과는 구분되는 '은행가banchiere'라는 표현을 쓰기 시작했다. 이즈음부터 금융업이 독자적인 상업 활동의 하나로 인식되었음을 알 수 있는 대목이다. 화폐의 보관이나 환전, 대출, 어음거래 같은 일들은 이들 은행가를 통해 제공되는 대표적인 서비스였다.

은행가로 불린 사람들의 업무는 이 시기 전래된 새로운 지식에 힘입어 보다 정교하게 발전해갈 수 있었다. 대표적인 것이 아라비아숫자와 십진법이다. 피사Pisa 출신의 수학자 피보나치Fibonacci는 1202년 《리베르 아바치Liber Abaci》라는 책을 통해 이런 원리를 유럽에 소개했다. 이전까지 은행가들은 대출이나 환전 같은 거래가 있을 때 로마숫자(i, ii, iii, iv…)로 거래 내용을 기록해두었다. 하지만 아라비아숫자(1, 2, 3, 4…)를 십진법 원리에 따라 사용하면 이런 업무들을 훨씬 간단하고 효율적으로 처리할 수 있었다.

이와 더불어 오늘날 회계처리의 기본 방식인 복식부기double entry가 활용되기 시작한 것도 빼놓을 수 없다. 기존에 쓰이던 방식은 거래 내역을 단순히 일자별로 기록해두는 단식부기single entry 형태였다. 단식부기는 어떤 거래가 있었는지 확인할 수는 있지만, 결산 과정에서 총 수입과 지출이 맞지 않는 등 회계 오류가 빈번했다. 이에 반해 장부의 왼편(차변)과 오른편(대변)에 자금의 유입과 유출을 대칭적으로 모두 기재해두는 복식부기 방식에서는 오류 문제가 없었다. 회계상 오류가 줄어든 것은 물론, 날로 복잡해지는 업무를 처리하는 데에도 제격이었다.

외국을 방문할 때 현지 국가의 화폐를 은행에서 미리 교환해두는 것처럼, 환전은 은행이 제공하는 대표적인 금융 서비스 가운데 하나다. 하지만 현대의 환전 업무는 과거만큼 정교하고 세심한 주의를 요하는 작업은 아니다. 금속화폐 시절에는 금속의 무게와 순도를 엄격하게 평가해야 했지만, 종이화폐가 통용되는 요즘에는 간단한 환율 계산만으로 쉽게 환전 업무를 처리할 수 있다. 그렇다고 환전을 통해 발휘되는 금융 기능이 과거보다 줄어든 것은 결코 아니다. 중세 시대 환전 업무가 지중해 교역의 필수품이었다면, 오늘날 환전 업무는 국제무역과 글로벌 경제를 지탱하는 초석과도 같기 때문이다.

05 무역, 환전, 송금을 결합한 최초의 금융 혁신

환어음

금융 이전의 원거리 무역

━━━━━━ 12세기 말은 원거리 무역과 결제 편의를 위한 새로운 금융상품이 나타난 시기이기도 하다. 이전까지 원거리 무역에 종사하던 이들의 전형적인 모습은 순회상인traveling merchant이었다. 아시아나 북부 아프리카의 진귀한 상품을 확보한 이탈리아 상인들은 무역을 위해 직접 거래 상대방을 찾아나서야 했다. 지중해 인근은 물론 알프스산맥을 넘는 수고도 마다하지 않았다. 이는 다른 유럽 지역 상인들도 마찬가지였다. 자신들의 특산품을 내다 팔고 이국적인 상품들을 얻기 위해서는 지중해까지 이르는 험난한 여행길을 감수해야 했다.

하지만 거래 상대방을 찾아 도시 이곳저곳을 돌아다니는 일은 당시로서는 대단히 위험했다. 도로망은 부실했고 가는 길마다 사고나 강도 위험이 끊이지 않았다. 이들이 지닌 값비싼 상품과 거래대금으로 쓰일 금화나 은화는 손쉽게 범죄 표적이 되었다. 이 때문에 순회상인들은 떼를 지어 무리 형태로 이동하거나 경호 인력을 대동하는 것이 불가피했다. 타지에서 운 좋게 거래를 마쳤다 하더라도, 돌아오는 길 역시 똑같은 위험을 헤쳐 나가야 했다.

거래 상대방을 찾아 돌아다니는 수고를 조금이나마 덜어준 것은 시장이었다. 당시 유럽에는 이탈리아에서 북부 벨기에로 이어지는 교통로의 중간에 자연스레 교역 중심지가 생겨났다. 와인 산지로도 유명한 프랑스 샹파뉴 지역 부근이었다. 이 지역의 주요 도시들에서는 부활절 같은 종교행사일을 전후해 정기시fair라 불리는 대규모 시장이 연속해서 열렸다. 오늘날로 치면 단순한 시장이라기보다 이국적인 분위기의 박람회에 가까운 것이었다. 인도의 향신료, 중국의 비단과 도자기, 아프리카의 보석을 비롯해 인근 지역의 모직물과 농산물 등 다채로운 상품이 거래되었다.

국제적 규모의 시장이 형성되자 교역 상대방을 찾는 일은 한결 수월해졌다. 하지만 원거리 무역의 불편함이나 위험이 근본적으로 해결된 것은 아니었다. 아직 금융 기능이 결부되지 않았기 때문이다. 상인들은 여전히 금화나 은화를 직접 소지한 채 여행에 나서야 했으며, 시장에서는 환전상의 도움을 빌려야 했다. 화폐를 직접 지니는 데 따른 위험을 덜 수 있게 된 것은 이 시기 나타난 새로운 금융상품 덕분이었다. 바로 12세기 말, 이탈리아 상인들이 널리 활용하기 시작한 환어음bill of exchange이다.

환어음이 불러온 무역의 변화

━━━━━━━ 환어음의 사용은 당시 교역을 주름잡고 있던 이탈리아 상인들의 영업 형태 변화와도 무관하지 않다. 시장이 형성되고 안정적인 판매 루트를 확보하게 된 이들은 차츰 순회상인에서 정주상인sedentary merchant 형태로 변모해갔다. 이탈리아 내에 본점을 두고, 유럽의 주요 무역 도시마다 지점이나 대리인을 두어 업무를 처리하게 된 것이다.

당시 무역과 더불어 금융업을 취급하던 일부 상인들 중에는 이러한 방식으로 업무를 확장해간 이들이 적지 않았다. 이들은 가까운 형제나 친척을 파리, 런던, 바르셀로나 같은 교역 중심지로 보내고, 그들만의 금융 영토를 개척해갔다. 환어음의 이용은 교역 중심지를 따라 금융 네트워크를 형성한 이 상인들이 있었기에 가능한 일이었다. 본·지점 간 서신을 통한 업무 연락과 장부를 이용한 자금의 이전은 환어음 업무를 처리하는 데 필수적인 요소였기 때문이다.

환어음이 활용된 후로 기존의 거래 방식은 어떻게 바뀌었을까? 피렌체에서 온 판매상과 파리에서 온 구매상 간 거래를 예로 들어 환어음의 원리와 그 변화상을 살펴보자.

환어음이 사용되기 전, 파리의 구매상은 직접 금화나 은화를 소지한 채 교역 장소로 이동해야만 했다. 시장에 도착해 자신이 원하는 상품을 찾으면, 환전상을 통해 피렌체 판매상에게 지급할 돈으로 교환하는 절차를 거친다. 대금이 지급되고 나면 이제 돈을 운반하는 데 따르는 위험은 오롯이 피렌체 판매상의 몫이다. 판매상에게는 대금으로 받은 돈을 피렌체까지 무사히 운반해 가야 할 일이 남는다.

하지만 환어음이 이용되는 거래에서는 이 같은 수고로움이나 위험을 감수하지 않아도 된다. 64쪽 그림에서 보듯, 상인들 간에 직접 대금을 주고받지 않더라도 환어음을 통해 환전과 결제 업무가 간단히 처리될 수 있기 때문이다.

거래가 성사되면 우선 판매상에 해당하는 피렌체 상인은 파리의 구매상을 지급인으로 하는 환어음을 작성한다(64쪽 그림 참조). 이 증서에는 어음의 최종적인 지급의무자(파리 구매상)와 지급금액, 지급일, 지급장소 같은 사항들이 표시된다.(①) 이후 피렌체로 돌아온 상인이 자신이 가진 어음을 은행에 매각하면,(②) 은행은 피렌체의 현지 통화로 어음금액을 지급한다.(③)

● 환어음 지급 과정

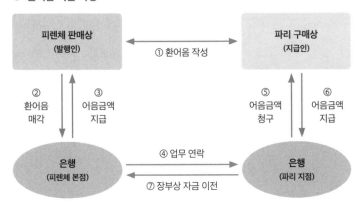

은행이 피렌체 상인에게 지급한 돈은 최종적으로는 파리의 구매상을 통해 회수된다. 이 과정에서 활용되는 것은 파리에 있는 지점 은행이다. 피렌체 본점의 연락을 받은 파리 지점이 파리의 구매상에게 어음금액의 지급을 요청하면(④, ⑤) 구매상은 지급인으로서 이를 최종 상환할 의무를 부담한다.(⑥) 파리 지점은 이렇게 받은 돈을 피렌체 본점으로 전달해야 하는데, 이는 장부상의 기재를 통해 회계적으로만 처리된다.(⑦)

이런 과정을 통해 피렌체의 상인은 환어음 취급 은행으로부터 거래대금을 간단히 지급받을 수 있게 된다. 파리의 상인 역시 대금을 운반하고 환전하는 수고 없이 이를 수월하게 지급할 수 있다. 환어음거래에 따른 이익을 누린 것은 비단 상인들만이 아니었다. 은행은 환어음에 표시된 금액을 현지의 통화로 내주는 과정에서 높은 환전 수수료를 챙겼다.

무역에 필요한 자금의 수송과 환전, 장거리 송금 문제를 한 꺼번에 해결해준 환어음의 탄생은 금융거래에 등장한 최초의 혁신과도 같은 일이었다.

환어음에 감추어진 위험

━━━━━━ 환어음이란 이처럼 판매상이 구매상을 지급인 으로 하여 발행한 것으로, 어음금액에 대한 지급의무가 표시된 증서를 말한다. 이때 은행은 무엇을 믿고 어음에 표시된 금액 (무역대금)을 판매상에게 미리 지급해준 것일까? 상인들이 서로 짜고 은행을 속이기라도 한다면 은행이 피해를 보게 될 것이 뻔한데도 말이다.

초창기 은행들은 어음의 지급일을 의미하는 만기일을 통해 이런 위험을 관리했다. 환어음의 만기는 어음 작성일로부터 물 품이 도착할 때까지의 기간인 1~2개월로 정해지는 것이 보통이 었다. 이 기간에 은행은 어음의 진위나 물품의 선적 여부를 확 인함으로써 혹시 모를 금융 사고 가능성에 대비할 수 있었다.

지급인으로부터 어음금을 회수하지 못할 위험도 무시할 수 없었다. 환어음도 결국에는 만기일에 어음금이 지급될 것이라 는 믿음과 신뢰를 기초로 한 거래이기 때문이다. 만약 지급인이 신뢰를 저버린다면 그에 따른 은행의 손실은 불가피한 일이었다.

대출거래에서는 이자를 통해 이러한 위험이 일부나마 상쇄될 수 있었다. 이자는 돈을 빌려준 데 대한 대가이기도 하지만, 돈을 갚지 못할 경우에 대한 벌칙의 의미도 있었다. 환어음에서는 환전 수수료가 이런 이자의 기능을 대신했다. 은행은 어음에 표시된 금액을 현지 통화로 바꾸어 주는 과정에서 시세보다 훨씬 높은 수준의 환율을 적용했다. 따라서 환전 수수료는 은행가들의 훌륭한 수익원인 동시에, 지급인의 부도 가능성에 대비한 위험관리 수단이기도 했다.

초기 환어음거래에서는 교회법 위반 문제 역시 비켜갈 수 없는 이슈였다. 환어음거래에 숨겨진 대출 유사 기능 때문이었다. 앞선 사례를 통해 보자면, 은행은 파리의 구매상을 대신해 피렌체의 판매상에게 거래대금을 미리 지급해주었다. 이는 사실상 은행이 파리의 구매상에게 그만큼의 돈을 빌려준 것과 흡사하다. 환어음을 통해 대금을 먼저 회수하는 판매상과 은행의 관계에서도 마찬가지였다. 이 때문에 당시 신학자들은 환어음이 대출에 해당하느냐 아니냐를 두고 고심을 거듭했다. 하지만 이 문제는 교황청의 용인 하에 허용되는 것으로 가닥이 잡혔다. 환어음은 무역대금 결제를 위해 활용되는 수단인 만큼 고리대금과는 무관하다는 논리였다.

교회로부터 그 합법성을 인정받게 되자, 환어음은 원거리 교역을 위한 필수 금융 수단으로 자리 잡았다. 상인들은 환어음을 통해 무역과 환전, 송금, 결제 같은 업무들을 한꺼번에 처리할 수 있었다. 은행가의 역할과 사회적 지위도 높아져만 갔다. 광범위한 활동과 지점망을 기초로 13세기 무렵부터는 명문 은행가 집단도 등장하기 시작했다. 메디치 가문에 앞서 유럽의 금융시장을 주름잡았던 페루치 가문, 바르디 가문 같은 집단들이다. 이러한 분위기와 함께 근대적 형태의 은행이 탄생하기 위한 여건도 점차 무르익어갔다.

06 메디치가와 교황청의 은밀한 거래

예금

비주류 금융상품이었던 예금

━━━━━━━ 오늘날 은행이 운영될 수 있는 가장 기초적인 원리는 무엇일까? 그 비결은 예금금리와 대출금리의 차이에서 발생하는 이익, 즉 예대마진에 있다. 가령 고객이 맡긴 예금에 대해 5퍼센트의 이자를 지급하고 이를 바탕으로 다른 고객에게 10퍼센트의 이자로 대출을 한다고 가정해보자. 이 경우 은행은 두 금리 차(5퍼센트)에 해당하는 만큼의 이익을 얻을 수 있다. 은행이 보다 많은 예금을 보유할수록 대출 가능한 돈도 늘어나며, 예대마진에 따라 발생하는 은행의 이익도 증가한다.

현대의 은행들은 대출이나 예금 같은 전통적인 금융거래 외에도 펀드, 보험, 신탁과 같은 다양한 금융 업무를 수행하고 있다. 하지만 여전히 은행 수익의 많은 부분은 예대마진에서 비롯한다. 예금을 은행업의 기본 토대로 볼 수 있는 것도 이 때문이다. 그렇지만 이 같은 중요성에도 불구하고, 예금은 과거 대출이나 환전, 어음과 같은 금융거래에 비해 크게 주목을 받지 못했다.

초창기 예금 형태의 거래는 저축saving보다는 자산의 안전한 보관safe-keeping 기능에 초점을 둔 것이었다. 화폐나 귀금속 같은 중요 재산들을 신전에 예탁하고, 당사자의 요청이 있으면 이를 되돌려주는 방식이었다. 이러한 예탁 금융의 관행은 은행을 통한 자산 보관 기능이 자리 잡기 전까지, 재산을 보호할 수 있는 가장 안전한 방법이었다. 이 때문에 재산이나 귀중품을 맡긴 고객들은 이자를 지급받는 것이 아니라 별도의 보관비를 납부하는 것이 일반적이었다.

그렇다면 현대의 예금처럼, 고객이 맡긴 돈에 이자를 지급하는 형태의 예금거래는 언제, 어떻게 시작되었을까?

자산 보관 vs 저축

━━━━━━ 예금이란 돈을 맡긴 대가로 일정한 이자를 지급하고, 고객의 요청이 있으면 이를 반환하기로 하는 은행과 고객

사이의 약속을 말한다. 고객의 요구에 따라 수시로 입출금이 가능할 수도 있고(요구불예금), 약속된 예치 기간이 지나야 비로소 반환을 청구할 수 있는 형태(정기예금, 적금)도 있다. 이러한 예금거래로 고객이 기대할 수 있는 효과는 크게 두 가지다. 자산의 안전한 보관과 재산의 증식(혹은 투자) 기능이다.

우선 고객은 예금을 통해 자산을 안전하게 관리할 수 있다. 은행의 자산 보관 기능 덕분이다. 장롱 속에 거금을 숨겨두는 것만으로는 그 누구도 편히 잠들기 힘들 것이다. 하지만 은행은 육중한 금고와 이중, 삼중의 보안장치를 통해 외부의 침입을 원천적으로 차단해준다. 세계대전이 발발하자 유럽의 부호들이 앞다투어 스위스의 은행을 찾은 것도 이러한 이유에서였다. 전쟁과 혼란의 시대에 재산을 지키기 위해서는, 고객의 재산을 철저히 비밀에 부쳐주었던 스위스 은행만 한 곳이 없었다.

예금에서는 자산의 증식 효과도 기대할 수 있다. 은행에 맡긴 예금으로부터 일정 수준의 이자를 지급받을 수 있기 때문이다. 주식이나 채권 같은 자본시장의 성장이 더딘 국가일수록 이런 현상이 보다 확연히 나타난다. 우리나라만 하더라도 현재의 예금 이자율은 2~3퍼센트 내외에 불과하지만, 1980년대 이전에는 20퍼센트를 상회할 정도였다. 이런 상황에서 예금은 그 어떤 투자 수단보다 안전하면서 수익성이 높은 자산의 증식 수단이다.

앞서 보았듯이 초창기 예금거래의 원형은 재산의 증식보다는 자산의 보관 기능에 충실한 것이었다. 고대 그리스와 로마를 거쳐 중세 시대까지 이어진 예탁 금융의 관행에 변화의 조짐이 보이기 시작한 것은 13세기 무렵이었다. 이 시기 이탈리아의 은행가들은 예탁금에 이자를 지급하는 형태의 예금거래도 차츰 활용하기 시작했다. 하지만 이는 예금을 기초로 새로운 대출을 일으키고 추가 수익을 얻는 현대 은행의 전략과는 거리가 있었다. 오히려 왕실이나 국가의 요구사항을 들어주기 위한 궁여지책에 가까웠다.

예컨대 13~14세기 최대의 은행 가문인 페루치가의 고객 중에는 잉글랜드 국왕 에드워드 3세도 있었다. 그는 프랑스와 백년 전쟁을 치르는 동안 이들 가문을 통해 자금을 조달하고 있었다. 하지만 전쟁이 오래 지속될수록 필요한 비용은 증가했고, 더불어 에드워드 3세는 점점 더 거세게 추가 대출을 요구했다. 하지만 아무리 무리한 요구인들, 무소불위의 권력자를 상대로 대출을 거부할 수는 없는 노릇이었다. 정치적 불이익을 피하기 위해 은행가로서 궁리해낸 방안 중 하나는 고객의 예금을 활용하는 것이었다. 이자 지급을 내세워 사람들이 은행에 돈을 맡기게 하고, 이렇게 마련된 돈으로 에드워드 3세의 요구를 들어줄 수 있었던 것이다.

15세기 피렌체에 설립된 몬테델레도티은행Monte delle doti의 경우도 마찬가지였다. 당시 이탈리아에서는 결혼할 때 신부가 가져오는 지참금 액수가 사회적 지위와 신분을 나타내는 징표 중 하나였다. 이 때문에 많은 아버지들이 연 10퍼센트 수준의 이자를 지급했던 이 은행의 예금에 가입했다. 하지만 예금을 통해 한숨 돌릴 수 있었던 것은 이탈리아의 아버지들만이 아니었다. 은행 설립 초기, 밀라노와 전쟁을 치르고 있던 피렌체 정부가 이 예금의 숨은 수혜자였다. 피렌체 정부는 은행에 맡겨진 아버지들의 예금 덕분에 부족한 전쟁 자금을 충당할 수 있었던 것이다.

이외에 공익적 성격의 예금거래도 활용되었다. 미성년자나 미망인 같은 취약계층의 이익을 보호하려는 목적이었다. 제노바나 피렌체 같은 도시에서는 미성년자의 재산을 후견인이 직접 보관할 수 없으며, 반드시 은행에 예금 형태로 예치하도록 했다. 그 대가로 적어도 연 5퍼센트 수준의 이자가 지급되도록 했다. 이러한 거래 관행은 미망인이 맡긴 예금에 대해서도 동일하게 적용되었다.

중세 이탈리아에서는 고정적인 이자를 지급하는 예금거래가 빈번했지만, 투자에 가까운 형태의 예금도 있었다. 이름하여 재량예금discretionary deposit이었다. 예금에서 발생한 이익을 은행이 재량껏 분배해준다는 의미에서 붙여진 이름이다. 이렇다 할 투자 수단이 없던 시절, 재량예금은 자산가들의 관심을 끌기에 충분한 상품이었다. 당시 성행했던 재량예금은 중세 최고의 금융 가문인 메디치가와 교황청 간 은밀한 거래를 통해 그 단면을 엿볼 수 있다.

은행업으로 흥한 메디치가

━━━━━━ 14세기 무렵, 메디치가는 피렌체를 중심으로 금융업을 영위하던 여러 가문 중 하나에 불과했다. 이 가문은 로마와 베네치아에 지점을 두고, 여느 은행가들과 마찬가지로 환전이나 환어음 업무를 취급했다. 하지만 1385년, 로마 지점을 맡고 있던 조반니 디 비치Giovanni di Bicci de Medici에 의해 메디치 가문의 새로운 역사가 전개되었다. 조반니의 메디치 가문이 교황청의 환전 업무를 맡게 되면서부터였다. 당시 교황청은 유럽 전역으로부터 세금을 거둬들이고 있어서, 환전에 대한 수요 역시 어마어마했다. 이전 메디치 가문이 처리하던 업무와는 비교가 불가능한 수준이었다. 교황청과 거래하면서 신뢰를 쌓은 조반니 디 비치는 1395년, 자신이 맡고 있던 로마 지점을 인수했다. 2년 뒤인 1397년에는 고향인 피렌체로 거점을 옮겨 새로운 은행을 열었다. 이것이 바로 우리가 알고 있는 메디치 은행의 시작이었다.

교황청을 등에 업은 그의 사업은 무서운 속도로 성장했다.

● 코시모 데 메디치(좌)와 로렌초 데 메디치(우)

코시모는 메디치가 부흥의 주역이며 로렌초는 르네상스 융성을 이끌었다.

출처 · wikimedia

조반니는 환전을 비롯해 교황청을 드나드는 모든 자금의 창구 역할을 도맡았다. 대출이 필요한 주요 왕실과 귀족들은 메디치 은행의 새로운 고객이 되었다. 1429년 창업자인 조반니 디 비치가 사망하자, 그의 첫째 아들인 코시모 데 메디치Cosimo de' Medici가 부친의 사업을 이어받았다. 코시모는 베네치아, 제네바, 피사, 런던, 아비뇽 등 유럽 각지에 지점을 개설하고 메디치 가문의 부와 명예를 드높였다. 조부 코시모의 지위를 승계한 로렌초 데 메디치Lorenzo de Medici는 레오나르도 다빈치, 미켈란젤로 같은 거장들을 후원해 르네상스 문화와 예술의 융성을 주도했다. 이후 메디치 가문은 교황을 비롯해 다수의 공작과 왕비도 배출했다. 금융은 물론 정치, 경제, 문화 등 모든 분야에서 최고의 실력가였던 셈이다. 하지만 가문 초기, 메디치가의 구성원들은 현실 정치에 직접 나서는 것만은 꺼렸다. 인근 국가와의 전쟁이나 봉건 세력과 신흥 상인 세력 간 갈등에서 비켜나 있기 위한 전략이었다. 대신에 고위 성직자나 권력층과 폭넓게 교류하면서 영향력을 발휘했는데, 그 수단으로 쓰였던 것이 바로 재량예금이었다.

이 시기 교황을 비롯한 고위 성직자들은 실상 대단한 재력가들이었다. 그렇지만 자신들의 막대한 부를 겉으로 드러낼 수는 없었다. 청빈, 희생 같은 기독교 덕목에 반했기 때문이다. 불로소득을 죄악시하던 교회법상 예금을 맡기고 이자를 받는다는 것은 더더욱 상상하기 어려웠다. 교회법을 따라야 하는 왕실과 귀족도 마찬가지였다. 이 때문에 성직자나 고위 권력층에게는 자신의 돈을 은밀하지만 안전하게 불려줄 수 있는 사람이 그 누구보다 절실했다.

이런 고민을 해결하는 데 메디치 가문만 한 적임자는 없었다. 메디치가는 고객의 신원과 재산을 비밀에 부쳤기 때문에 안심하고 돈을 맡길 수 있었고, 이들이 맡긴 돈에 대해 대가도 두둑하게 지급했다. 다만 그 형식은 이자가 아니라, 감사의 의미로 재량껏 지급한다는 뜻에서 선물gift로 포장되었다. 교회법에 따른 제한을 교묘히 비켜가기 위한 것이었다. 대가를 지급하는 방식도 일반적인 예금과는 달랐다. 사전에 정해진 수준의 이자가 아닌, 은행의 이익에 따라 8~12퍼센트 수준의 대가를 가변적으로 지급하는 형태였다. 현대적으로 보자면 예금이라기보다 자금 운용성과에 따라 보상 수준이 정해지는 투자 상품에 가까웠다.

메디치 가문은 재량예금을 통해 규모를 키우고, 환전, 환어음, 대출 같은 다양한 사업을 영위하면서 위험을 분산했다. 이로써 오늘날 은행 업무의 대부분을 아우르는 근대적 은행의 면모를 갖추었다. 이들이 마련한 은행 모델은 종교개혁 이후로는 유럽 전역으로 전파되기도 했다. 17세기 이후 네덜란드, 독일, 잉글랜드, 프랑스 등 유럽 각지에서 메디치 은행을 표본으로 한 은행들이 생겨났다. 비록 메디치 은행은 지금 사라지고 없지만, 이들의 유산은 르네상스 예술과 현대 은행의 모습으로 우리 곁에 여전히 남아 있다.

07 돈이 돈을 낳는 원리

부분지급준비금

런던탑과 잉글랜드 왕실의 추락한 신뢰

━━━━━━━ 재산을 안전하게 지키려는 욕구는 시대와 장소를 불문하고 누구에게나 공통적이다. 17세기 중반까지, 잉글랜드에서 이러한 문제를 해결해준 곳은 런던탑^{London Tower}이었다. 당시 이곳에는 왕실 조폐국이 자리하고 있던 터라 군인들의 경비가 삼엄했다. 은행이 나타나기 이전, 런던의 상인과 자산가들은 런던탑에 화폐를 보관해두는 것으로 이러한 불안감을 잠재울 수 있었다. 사정이 급변하게 된 것은 1640년 7월 찰스 1세가 갑작스런 조치를 내린 이후였다.

선대로부터 대영제국 왕위를 물려받은 찰스 1세의 가장 큰 고민거리는 왕실의 재정적자였다. 자국민에게 무거운 세금을 부과하기도 하고, 주변국들을 상대로 외교적 노력도 펼쳐보았지만 사정은 나아지지 않았다. 더 이상 돈을 빌리기도 어려워 파산 위기에 놓이게 된 찰스 1세는 급기야 마지막 수단을 강구했다. 런던탑에 보관되어 있던 13만 파운드 상당의 화폐 인출을 금지하고, 이 돈으로 왕실의 빚을 갚는 데 쓰려 한 것이다.

명목상으로는 돈의 소유자들에게 연 8퍼센트의 이자를 지급하고 빌려간다는 형식을 취했다. 그렇지만 돈을 보관하고 있던 사람들의 입장은 달랐다. 왕실의 재정 상황을 고려하면 사실상 돈을 강탈당한 것이나 다름없다고 여겼다. 반발이 거세지자 찰스 1세도 한 걸음 물러섰다. 우선 3분의 2에 해당하는 돈을 소유자들에게 돌려주고, 최종적으로는 나머지 돈에 대해서도 원금과 이자를 모두 갚았다. 그러나 런던탑과 왕실에 대한 사람들의 신뢰는 이미 추락하고 난 뒤였다.

이런 일이 있고 나서 사람들은 런던탑에 보관했던 돈을 모두 인출하여 새로운 보관업자를 찾아 나섰다. 이들의 눈에 띈 것은 골드스미스goldsmith라 불리던 런던의 금세공업자들이었다. 금세공업자들은 최고의 값어치를 지닌 귀금속을 대량으로 다루던 사람들이었다. 크고 튼튼한 금고는 그들에게 필수품과도 같았다. 런던탑을 제외하면 이보다 더 안전한 장소를 찾기는 어려워 보였다.

골드스미스, 금융가로의 화려한 변신

■■■■■■ 돈을 보관하려는 사람들은 이제 너 나 할 것 없이 금세공업자들을 찾아갔다. 금고에 돈을 맡기는 고객이 있으면, 금세공업자들은 이에 대한 증거로 보관증서를 발급해주었다. 고객들은 보관의 대가로 일정한 수수료를 지불했다. 돈이 필요할 때는 보관증서만 제출하면 즉시 되돌려 받을 수 있었다. 그러나 시간이 지나면서 금세공업자들이 발급한 보관증서는 점차 다른 용도로도 활용되었다.

17세기 중반 런던의 어느 번화가에서 상인 A가 상인 B에게 대금을 치러야 하는 상황을 가정해보자. 원래대로라면 상인 A는 보관증을 들고 금세공업자를 찾아가 돈을 찾은 다음, 이를 상인 B에게 지급하는 순서를 따랐을 것이다. 하지만 보관증의 효용을 알아본 사람들은 이러한 불편함을 감수하지 않았다. 대신에 상인 A가 갖고 있는 보관증 자체를 상인 B에게 건네는 방식으로 대금 지급을 갈음하기 시작했다. 보관증을 받은 상인 B는 필요한 때에 금세공업자를 찾아가 돈으로 교환하면 그만이었다. 보관증을 반드시 현금화할 필요도 없었다. 상인 B가 다른 상인과 거래할 때 이 보관증을 건네주는 방식으로 대금을 치르는 것도 가능했다.

이와 같이 금세공업자가 발급한 증서는 단순한 보관증 이상의 기능을 발휘했다. 상인들 간에 자유롭게 주고받을 수 있는 상거래의 교환 수단으로 활용되기 시작한 것이다. 이러한 거래 관행이 자리 잡자, 결국에는 보관증 소지자의 요구에 따라 지급 의무를 부담한다는 증표로서의 성질을 갖게 되었다. 종이 형태의 증서에 교환가치가 부여되고 자유로운 양도성까지 인정된 것은 초기 은행권banknote의 모습과도 유사했다.

금세공업자가 새로운 보관처로 각광받게 되자, 이들의 금고 속에 보관된 돈도 나날이 늘어갔다. 보관료 수입이 증가한 것은 당연한 수순이었다. 이에 더해 사업 수완이 남다른 몇몇 사람들은 또 다른 수익원을 찾아냈다. 고객들이 맡겨둔 돈을 암암리에 다른 사람들에게 빌려주기 시작한 것이다. 고객들이 한꺼번에 돈을 찾으러 오는 일은 드물다는 점을 경험적으로 터득한 결과였다. 금세공업자는 이제 남의 돈으로 두둑한 이자수익까지 챙길 수 있었다.

금세공업자들이 더 많은 돈을 빌려주려면 금고 속에 보관된 돈이 많으면 많을수록 좋았다. 이 때문에 고객에게 보관료를 물리는 대신, 어느 순간부터는 맡긴 돈에 대한 사례로 도리어 이자를 지급하기 시작했다. 이런 모습의 금세공업자를 더 이상 금을 다루는 전문 기술자로만 보기는 어려웠다. 즉, 이들은 고객이 맡긴 돈을 보관하고, 예탁금에 대해 이자를 지급하며, 돈이 필요한 사람에게 대출을 제공하는 어엿한 금융가로서의 면모를 갖추고 있었다.

부분지급준비금 제도: 돈이 돈을 낳게 하다

━━━━━━━ 런던의 금세공업자에 관한 이야기는 영국에서 은행업이 태동하게 된 계기로 흔히 소개되는 내용이다. 하지만 은행업의 발전과정에서 금세공업자가 특별히 주목을 받는 이유는 이들이 보여준 비밀스러운 대출 형태에 있다. 부분지급준비금 제도fractional reserve system라는 현대의 금융원리를 활용한 것으로 평가되기 때문이다.

금세공업자의 경험에 따르면, 고객이 금고 안의 돈을 직접 찾으러 오는 경우는 10퍼센트 정도에 불과했다. 나머지 90퍼센트는 금고 안에서 잠자고 있는 경우가 대부분이었다. 고객이 맡긴 돈이 총 1,000파운드라면 100파운드만 금고에 남겨두더라도 고객의 인출 요구를 감당하기 충분했다. 이를 기초로 금세공업자는 금고 안의 돈보다 더 많은 돈을 남몰래 빌려주었고, 이는 금세공업자를 더 큰 부자로 만들어주었다. 이런 모습은 현대의 은행들이 부분지급준비금 제도를 통해 새로운 돈을 만들어내는 것과 크게 다르지 않았다.

지급준비금 제도는 전 세계적으로 활용되고 있는 금융 관행으로, 고객이 맡긴 예금 중 일정 비율 이상을 은행이 직접 보관하고 있어야 한다는 원리다(실제로는 각국의 중앙은행에 이를 예치하는 형태로 이루어진다). 고객의 인출 요구에 즉시 응하기 위해서다. 각 나라별로 차이는 있지만, 대부분의 국가는 금세공업자의 경험을 토대로 10퍼센트 내외를 지급준비율로 정하고 있다.

그렇다면 부분지급준비금 제도를 통해 어떻게 새로운 돈이 만들어질까? 부분지급준비금 제도가 활용되는 경우와 그렇지 않은 경우를 비교해보면 그 원리가 보다 상세히 드러난다. 가령 최초의 고객이 맡긴 예금이 1억 원인 경우를 가정해, 지급준비율 수준에 따라 돈의 총량이 어떻게 변화하는지 살펴보자.

만약 과거의 금융 관행처럼 부분지급준비금 제도가 활용되지 않는 상황이라면(이는 지급준비율이 100퍼센트라는 의미다), 은행은 고객이 맡긴 돈 전부를 보관하고 있어야 한다. 이 경우 고객 입장에서는 인출이 거절될 염려를 완전히 덜 수 있다. 그러나 은행은 고객이 맡긴 돈을 다른 사람에게 추가로 빌려줄 수 없으며, 새로운 돈이 생겨날 여지도 없다.

반대로 10퍼센트 수준의 부분지급준비금 제도를 운영하면 그 결과는 사뭇 달라진다. 이때에는 고객의 인출 요청에 대비해 고객이 맡긴 돈의 10퍼센트에 해당하는 금액만 보관하고 있으면 된다. 1,000만 원은 은행이 직접 보관하고 있어야 하지만, 나머지 9,000만 원은 새로운 고객에게 빌려주어도 무방하다.

이후 새로운 고객에게 빌려준 9,000만 원이 시장에서 돌고 돌아 은행의 예금으로 다시 돌아오면, 이 역시 모두 보관하고 있을 필요가 없다. 은행은 9,000만 원의 10퍼센트에 해당하는 900만 원만 직접 보관해두고, 나머지 8,100만 원은 또 다른 고

● 부분지급준비금 제도로 돈이 돈을 낳는 과정

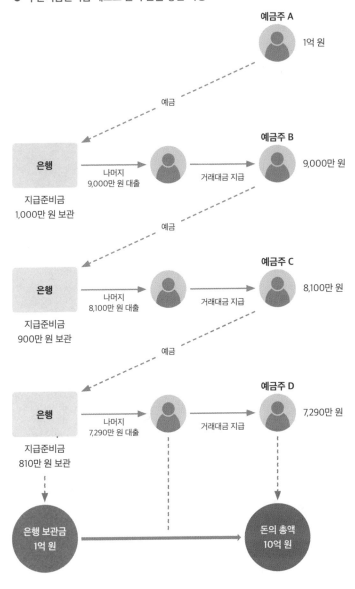

예금주 A
1억 원

예금

은행
지급준비금
1,000만 원 보관

나머지
9,000만 원 대출

거래대금 지급

예금주 B
9,000만 원

예금

은행
지급준비금
900만 원 보관

나머지
8,100만 원 대출

거래대금 지급

예금주 C
8,100만 원

예금

은행
지급준비금
810만 원 보관

나머지
7,290만 원 대출

거래대금 지급

예금주 D
7,290만 원

은행 보관금
1억 원

돈의 총액
10억 원

객들에게 빌려줄 수 있다.

이렇게 빌려준 돈이 다시 은행의 예금으로 돌아올 때마다, 은행은 부분지급준비금 제도를 활용해 추가로 대출을 실행할 수 있다.

이 과정이 계속 반복되면, 이론적으로는 83쪽 그림과 같이 [초기 예금액 × (1/지급준비율)]에 해당하는 돈이 새로 만들어 질 수 있다. 초기 예금액이 1억 원이고 지급준비율이 10퍼센트 라면, 시장에 공급되는 돈의 총량은 10억 원으로 증가한다. 이 것이 바로 돈이 돈을 낳는 과정이다.

부분지급준비금 제도의 명과 암

━━━━━━ 부분지급준비금 제도는 금융시장 전반에 새로 운 변화와 활력을 몰고 온 획기적인 사건이었다. 돈이 돈을 낳 는 원리에 의해 새로운 자금이 공급되었고, 이는 지속적인 성장 과 풍요로운 생활을 가능하게 한 원천이기도 했다. 돈이 필요 한 대다수 사람들 역시 이런 제도가 아니었다면 금융의 혜택을 누리기 쉽지 않았을 것이다.

그러나 부분지급준비금 제도의 활용이 늘 이로운 결과만 가 져오는 것은 아니다. 이로 인한 대출의 증가가 언젠가는 새로 운 위험이 되어 돌아올 수도 있다. 무리한 대출 확장과 그에 따라 형성된 신용버블은 언젠가는 터지기 마련이기 때문이다. 금융위기 상황이 재연될 때마다, 일각에서는 "돈이 돈을 낳는 원리가 위기 발생의 주범이다"라고까지 얘기할 정도다. 부분지급준비금 제도가 아니었다면 애당초 이러한 위기가 발생할 리 없었다는 점을 꼬집은 것이다.

인플레이션 역시 무시할 수 없는 부작용이다. 돈이 돈을 낳는 원리에 따라 화폐 공급은 늘어날 수밖에 없고, 이로 인해 돈의 가치 하락도 불가피해진다.

하지만 뭐니 뭐니 해도 부분지급준비금 제도가 야기할 수 있는 가장 큰 위험은 뱅크런bank run이다. 위급한 시기에 예금자들의 인출 요구가 한꺼번에 몰리게 되면, 은행이 보유한 예금만으로는 이를 감당할 수 없다. 지급준비율이 10퍼센트이고 고객들이 맡긴 돈이 10억 원이라면, 은행이 실제 내줄 수 있는 돈은 고작 1억 원에 불과하다. 그러면 은행에 대한 신뢰가 깨지는 것은 물론, 그 피해는 예금자들이 고스란히 떠안게 된다.

그렇다면 금융위기나 뱅크런 사태의 주범으로 지목되곤 하는 이 제도를 폐지하는 것은 어떨까? 무리하게 들릴 수 있지만, 결코 허무맹랑한 이야기만은 아니다. 부분지급준비금 제도를 폐지해야 한다는 주장은 미국의 경제학자 어빙 피셔Irving Fisher가 1930년대 대공황 시기부터 이미 제기한 바 있었다. 이후로도 금융위기 상황이 초래될 때면 어김없이 지급준비금 제도를 개혁하자는 요구가 거세지곤 했다. 국민투표를 통해 부결되긴 했지만, 2018년 스위스에서는 100퍼센트 완전지급준비금 제도를 채택하려는 법안이 제출된 바 있었다. 부분지급준비금 제도를 폐지함으로써 과도한 빚을 줄이고 금융시장 안정에 기여할 수 있다는 이유에서였다.

물론 이런 주장은 세계경제의 근간을 뒤흔들 수도 있는 만큼 당장 현실화되기란 쉽지 않다. 이러한 제약 때문에라도 금융시장의 안정과 건전성을 유지하기 위한 노력은 앞으로도 계속되어야 할 것이다.

08 왕실의 은행, 은행의 은행

중앙은행

위기 때면 나타나는 구원자

2008년 9월 15일 새벽. 뉴욕 남부 연방파산법원에 세계경제를 얼어붙게 만든 서류 하나가 접수되었다. 158년 역사를 자랑하던 유명 투자은행 리먼브라더스Lehman Brothers가 파산신청서를 제출한 것이다. 서브프라임 사태와 파생상품 손실로 야기된 6,130억 달러의 부채 때문이었다. 이번 위기는 한 회사의 파산으로 끝날 만한 일이 아니었다. 미국은 물론 전 세계 금융시장으로 위기가 확산될 조짐이 보였다. 같은 날 투자은행 메릴린치Merrill Lynch가 뱅크오브아메리카에 매각된 것을 비롯해 씨티그룹, AIG 같은 초대형 금융회사들도 생존을 장담할 수 없는 상황이었다. 대공황 이후 최대의 금융위기라 할 만했다.

문제 해결에 나선 것은 미국의 중앙은행인 연방준비제도 Federal Reserve였다. 연방준비제도는 2008년 10월, 금융시장 안정을 목적으로 7,000억 달러의 구제금융을 긴급 투입했다. 파산 위험을 겪고 있던 씨티그룹과 AIG에도 각각 3,500억 달러, 1,500억 달러의 자금을 수혈했다. 이후로도 위기 수습을 위해 천문학적 규모의 자금이 투입되었는데, 전체 액수는 수조 달러에 달했다.

중앙은행이 전면에서 위기 수습에 나서는 것은 유럽도 예외가 아니다. 2009년 말 그리스의 국가부채가 눈덩이처럼 불어나자 이를 해결하기 위해 등장한 것도 유럽중앙은행 European Central Bank이었다. 유럽중앙은행은 2,400억 유로의 구제금융을 통해 유로존 전체로 위기가 확산되는 것을 막았다.

이처럼 금융위기 상황이 발생할 때면 어김없이 부각되는 것이 중앙은행의 역할이다. 중앙은행은 대규모 구제금융을 통해 위험 확산을 방지하고, 예금자나 투자자 등 은행과 얽힌 여러 거래 당사자들을 보호한다. 중앙은행의 이런 모습은 개인이나 기업을 상대로 예금을 받고 대출을 해주는 일반적인 은행과는 분명 다르다. 그렇다면 중앙은행은 어떻게 생겨났고, 어떤 역할을 하는 것일까?

진화하는 은행업
: 비셀방크와 리크스방크

━━━━━━━ 이탈리아에서 선보인 근대적 은행 모델은 17세기 이후 상업 중심지의 이동과 함께 네덜란드, 스웨덴 등 북유럽으로 확산되었다. 중앙은행은 바로 이 시기 각국에서 설립된 여러 은행이 보여준 금융 혁신의 집합체이자 결과물이다.

17세기 은행업의 혁신을 선도한 첫 번째 주자는 1609년 네덜란드에 설립된 비셀방크^{Wisselbank}였다. 당시 새로운 무역 중심지로 부상한 네덜란드에는 유럽 각지에서 상인들이 몰려들었다. 하지만 날로 활발해지는 교역에 비해 결제 업무는 여전히 비효율적이었다. 상인들은 출신 지역에 따라 각기 다른 통화를 사용했고, 네덜란드 내에도 14개의 조폐국이 난립하던 상황이었다. 일부 통화는 손상되거나 마모되어 그 가치를 신뢰하기 어려운 경우도 많았다. 이런 불편을 해소하고자 암스테르담시가 주도하여 설립한 지급결제 전문은행이 바로 비셀방크였다.

비셀방크는 상인들이 예치하는 제각각의 통화에 자체적으로 발행한 표준통화를 부여했다. 그리고 이 표준통화를 비셀방크 내의 은행계좌에 적립하도록 했다. 상인들이 맡긴 돈은 은행계좌의 대변^{credit}란에 표시되었는데, 예금통장에 해당하는 증서를 통해 그 잔액을 확인할 수 있었다. 이런 시스템이 확립되자 상인들 간에 거래대금을 주고받는 일이 더 없이 간편해졌다. 은행계좌에 예금을 이체하는 것만으로 지급을 대신할 수 있었기 때문이다. 이와 함께 600길더^{guilder} 이상의 대금은 은행 계좌를 통해 결제하도록 하는 조례가 시행되면서 현대와 같은 지급결제 시스템이 빠르게 자리 잡을 수 있었다.

1668년 스웨덴에서는 현존하는 가장 오래된 중앙은행인 리크스방크^{Riksbank}가 설립되었다. 리크스방크도 예금과 지급결제 서비스를 제공했다는 점에서는 비셀방크와 크게 다르지 않았다. 하지만 리크스방크는 런던의 금세공업자들이 활용했던 부분지급준비금 원리를 은행업에도 적극 활용했다. 고객들이 맡긴 예금 중 일부에 대해서만 준비금을 마련해두고, 나머지 돈으로는 새로운 대출을 실행했다. 오늘날 중앙은행이 수행하는 역할 중 하나인 신용의 창출과 제공 기능이 발휘된 것이었다.

아울러 리크스방크의 전신이었던 스톡홀름은행^{Stockholms Banco}의 실패를 교훈 삼아 중앙은행의 새로운 역할을 정립하기도 했다. 스톡홀름은행은 1661년, 유럽에서 최초로 은행권^{bank note}을 발급한 기관이었다. 은행권은 금속화폐의 불편함을 덜어주는 훌륭한 대체재였지만, 예기치 못한 문제점을 낳기도 했다. 은행권이 필요 이상으로 남발되자 화폐 가치가 폭락한 것이다. 뒤이어 은행권을 금속화폐로 교환해달라는 사람들의 요구가 빗발쳤고, 스톡홀름은행은 파국을 맞을 수밖에 없었다. 이를 계기로 화폐 가치를 안정적으로 유지하는 일 역시 중앙은행의 주요 역할 중 하나로 인식되었다.

현대 중앙은행의 효시, 영란은행

━━━━━━ 1694년 영국에서는 현대 중앙은행의 효시라 할
수 있는 영란은행Bank of England이 탄생했다. 영란은행은 처음부
터 중앙은행의 기능을 염두에 두고 설립된 것은 아니었다. 그
출발은 민간 소유의 상업은행 형태로, 영국 왕실이 겪고 있던
재무적 어려움을 타개하기 위한 목적이었다(영란은행이 민간 소유
형태를 벗어난 것은 1946년의 국유화 조치가 있고 난 후의 일이다).

● 영란은행의 인가(1694)

출처 · wikimedia

당시 프랑스에 맞서 9년 전쟁을 벌이고 있던 영국은 1690년 비치헤드 전투Battle of Beachy Head 패배 이후 해군 전력이 궤멸되다시피 했다. 영국 왕실이 해군을 복원하고 전쟁을 이어가려면 120만 파운드 규모의 자금이 필요했다. 자금을 마련하기 위해 연 14퍼센트의 이자까지 제시하며 추가로 국채 발행을 시도했지만 이것도 여의치 않았다. 오랜 전쟁과 누적된 부채로 왕실의 신용이 바닥에 떨어진 탓이었다.

이즈음 윌리엄 패터슨이라는 상인이 자금 마련을 위한 새로운 해법을 제시했다. 바로 영란은행을 설립하는 방안이었다. 상인들이 120만 파운드를 모아 영란은행을 설립하면, 이 은행을 통해 왕실에 필요한 돈을 빌려줄 수 있다는 것이었다. 왕실로서도 솔깃할 수밖에 없는 제안이었다.

다만 그러기 위해서는 상인들의 참여를 유도할 보상이 필요했다. 따라서 영국 왕실은 빌린 돈에 대해 매년 8퍼센트의 이자와 4,000파운드의 수수료를 영란은행에 지급하기로 했다. 정부의 수입과 지출을 관리하는 권한과 함께, 영란은행에 지폐를 발행할 수 있는 특권까지 부여했다. 영란은행은 이 특권을 활용해 왕실에 빌려준 금속화폐와는 별개로 종이화폐를 발행할 수 있었다. 상인들로서는 사실상 손해 없는 장사를 한 것이나 다름없었다. 이러한 연유로 탄생하게 된 영란은행은 명실공히 '왕실을 위한 은행'이라고 하기에 부족함이 없었다.

영란은행은 지폐 발행 권한을 보유함으로써 일반 은행과는 다른 특별한 지위도 부여받았다. 왕실의 은행이라는 위상 덕택에, 이들이 발행한 지폐는 영국 내에서 광범위하게 유통되기 시작했다. 영란은행 지폐가 보편적으로 쓰이게 되자, 과거 금세공업자를 비롯한 민간은행들 역시 영란은행에 계좌를 개설하는 것이 일반화되었다. 은행들 간에 발생하는 송금이나 결제 업무를 영란은행을 통해 처리하기 위해서였다. 왕실의 은행을 넘어 '은행을 위한 은행'의 역할까지 맡게 된 것이었다.

1833년이 되자 영란은행이 발행한 지폐는 보다 강력한 지위를 인정받았다. 영국이 사용하는 공식 화폐로서 법정화폐의 지위를 얻은 것이다. 이윽고 1844년에는 민간은행들의 독자적인 은행권 발행이 금지되고, 영란은행에 독점적인 화폐 발행권이 부여되었다. 은행인가법The Bank Charter Act of 1844에 따른 조치였다. 국가의 은행, 은행의 은행임과 더불어 독점적인 화폐 발행권을 행사했다는 점에서, 영란은행은 현대 중앙은행 제도의 효시로 볼 만했다.

위기를 관리하고 시장을 이끄는 중앙은행

━━━━━━━━ 19세기 중반 영국에서 금융위기가 발생하자 중앙은행의 새로운 역할이 부각되었다. 이 무렵 오버엔드-거니

Overend, Gurney & Company는 어음 매매를 전문으로 취급하던 영국의 대표적인 민간은행이었다. 경쟁 은행들을 압도하는 규모를 바탕으로, 1850년대 이후로는 고수익 사업인 철도사업과 해외투자로도 눈을 돌렸다. 하지만 지나친 욕심은 이내 화를 불러왔다. 문제의 발단은 과도한 투자에서 비롯된 유동성 위기였다. 자금 대부분을 장기 대출처럼 즉시 현금화하기 어려운 사업들에 투자했기 때문이다. 설상가상으로 유럽에 불어닥친 경기 침체로 인해 상당수 대출이 부실화되고 주식과 채권투자에서도 막대한 손실을 입었다.

그 결과 당시 오버엔드-거니가 고객에게 반환의무를 지고 있던 돈은 400만~500만 파운드인데 반해, 이들에게 즉시 내줄 수 있는 돈은 고작 100만 파운드에 지나지 않았다. 위기감이 고조된 고객들은 앞다투어 오버엔드-거니로 몰려들었다. 고객들의 거듭된 반환 요청에 오버엔드-거니의 유동자금은 곧 바닥을 드러냈다. 오버엔드-거니는 1866년 5월 9일 영란은행을 찾아 40만 파운드의 긴급자금을 요청했다. 이 자금으로 유동성 위기를 극복할 심산이었다. 하지만 영란은행은 이들의 요청을 거절했다. 이번 위기는 위험한 투자에서 비롯된 은행 자체의 부실이 문제이지, 단순한 유동성 위기가 아니라는 판단에서였다.

다음 날인 5월 10일, 오버엔드-거니는 더 이상 고객의 인출 요구에 응할 수 없었다. 결국 지급정지를 선언하고 파산절차에

● 오버엔드-거니의 파산에서 비롯된 롬바르드 스트리트의 위기

출처 · wikimedia

들어갔다. 최종적으로 고객에게 지급하지 못한 돈은 500만 파운드 규모였다. 충격에 휩싸인 사람들은 롬바르드 스트리트에 위치한 은행 건물을 에워싸고 분노를 표출했다. 〈더타임스〉지의 표현을 빌리자면, 도시 전체가 지진의 충격을 입은 것과 흡사한 풍경이었다.

하지만 한 은행의 파산 뒤에는 더 큰 위험이 도사리고 있었다. 대형 은행의 지불 중단 사태로 인해, 거래관계에 있던 은행과 어음업자, 다수의 고객들 역시 연쇄적으로 위기에 몰리게 된 것이다. 도미노처럼 번져가는 위험은 국가 경제 전체를 마비시

킬 수도 있었다.

혼란이 걷잡을 수 없이 커지자 이번에는 영란은행이 전면에 나섰다. 영란은행은 오버엔드-거니의 파산으로 위기에 처한 은행과 어음업자 등을 상대로 400만 파운드 규모의 자금을 긴급히 대여했다. 이로써 패닉 상태에 빠져 있던 시장 상황을 가까스로 진정시킬 수 있었다. 영란은행이 금융시장 최후의 보루로서 필요자금을 공급해주는 중앙은행의 '최종 대부자Lender of Last Resort' 기능을 유감없이 발휘한 사건이었다.

이후 영국의 경제학자 월터 배젓Walter Bagehot은 1873년 발간한 논문 〈롬바르드 스트리트Lombard Street〉에서 영란은행의 업적을 크게 칭송했다. 아울러 영란은행 사례를 바탕으로 최종 대부자 기능을 수행하는 데 필요한 세 가지 원칙을 제시했다. "아낌없이 대출하라, 양질의 담보를 확보하라, 높은 수준의 벌칙 금리를 부과하라"는 내용으로 알려진 배젓 원칙이다.

영란은행으로 말미암아 정립된 중앙은행의 역할과 기능은 19세기 이후 프랑스, 오스트리아, 네덜란드 등 유럽 각지로 퍼져나갔다. 1914년 미국에서는 세계의 중앙은행으로 불리는 연방준비제도Federal Reserve가 탄생했다. 우리나라 중앙은행인 한국은행이 설립된 것은 1950년의 일이다. 그간 진화되어온 지급결제 시스템과 신용 창출의 원리, 화폐의 표준화는 각국 중앙은행 제도의 근간을 이루는 요소들이었다.

중앙은행은 금융 시스템의 정점에서 위기를 관리하고 시장을 이끌어나가는 역할을 한다. 중앙은행이라는 굳건한 토대가 없다면, 우리가 누리는 금융의 혜택은 한낱 신기루에 지나지 않을지 모른다.

09 프랑스를 파산으로 몰고 간 천재의 실수

뱅크런

프랑스 왕실의 구세주 존 로

프랑스의 태양왕 루이 14세는 절대 권력자로서 명성과 함께 사치로도 유명했다. 그는 재임 기간 중 거듭된 전쟁과 호화로운 왕궁생활 때문에 프랑스 왕실에 막대한 부채를 남겨준 장본인이기도 하다. 1715년 그가 사망할 시점에 프랑스 왕실의 재정은 파탄 직전의 상황이었다. 이때까지 왕실의 누적된 빚은 30억 리브르livre에 달했고, 매년 갚아야 할 이자만도 2억 5,000만 리브르였다. 이에 반해 왕실이 거두는 연간 수입은 1억 4,000만 리브르로, 이마저도 대부분은 왕실 경비로 지출해야 하는 상황이었다.

● 존 로의 초상화(좌)와 그가 쓴 책《화폐와 무역에 관한 견해》의 표지(우)

출처 · wikimedia

　루이 14세가 사망한 뒤 왕위를 계승한 것은 루이 15세였다.
하지만 다섯 살에 불과한 나이 탓에 국왕 역할은 오를레앙 공
작이 섭정 형식으로 대신했다. 재정 위기 해소라는 중책 역시
오를레앙 공작이 맡아야 했는데, 그의 해결책은 스코틀랜드 출
신의 존 로John Law를 영입하는 것이었다.

　존 로는 스코틀랜드 금세공업자 집안의 자제로 자유분방한
기질의 청년이었다. 화려한 외모와 뛰어난 언변 덕분에 주변에
는 사람들이 끊이지 않았다. 그는 경제와 수학에도 재능이 있었
는데, 이 재능이 주로 발휘된 곳은 도박판이었다. 23세 때에는
여자 문제로 친구와 결투를 벌이다 살인죄를 선고받기까지 했
다. 이로 인해 종신형에 처해진 그는 탈옥 이후 네덜란드, 독일,

프랑스 등지에서 유랑생활을 이어갔다. 하지만 장기간의 유랑생활은 그의 인생에 전환점이 되어주기도 했다. 당시 여러 선진국들을 경험하는 동안 경제와 금융에 관한 그의 안목 역시 높아졌기 때문이다. 1705년에는 《화폐와 무역에 관한 견해Money and Trade considered: with a Proposal for Supplying the Nation with Money》라는 서적을 발간할 만큼 전문적인 식견을 갖추고 있었다.

그는 이 책에서 은행을 설립하고 화폐 발행권을 부여하는 방식으로 경제를 살찌울 수 있다고 주장했다. 금화, 은화 같은 금속화폐metal money가 부족하더라도, 은행이 발행하는 종이화폐paper money를 통해 부족한 세수를 확보하고 경제에 활력을 불어넣을 수 있다는 것이다. 존 로의 이 같은 주장에 대해 고국에서는 아무런 관심을 보이지 않았다. 그러나 프랑스 왕실의 오를레앙 공작에게는 그가 구세주처럼 보였다. 그의 말처럼, 직접 은행을 설립해서 돈을 찍어낸다면 왕실의 재정문제는 간단히 해결할 수 있을 것으로 보였다.

이후 프랑스 왕실의 재정고문으로 임명된 존 로는 1716년 5월 초기 자본금 600만 리브르로 방크제네랄Banque Générale을 설립했다(이 은행은 1718년 왕실의 국유화 조치 이후 방크루아얄Banque Royale로 명칭이 변경되었다). 이탈리아, 네덜란드 등 유럽 각지에 안착한 은행 모델을 기초로, 화폐 발행권도 갖는 형태였다. 물론 방크제네랄이 발행하는 은행권이 기존의 금속화폐를 완전히 대체한 것은 아니었다. 그렇지만 프랑스 왕실은 모든 세금을 은행권으로 납부하도록 하는 칙령을 발표해 존 로의 구상에 힘을 실어주었다. 초창기 존 로의 아이디어는 빛을 발했다. 늘 부족했던 돈은 은행권을 발행함으로써 적재적소에 공급될 수 있었으며, 파산 위기에 몰렸던 왕실의 재정도 숨통이 트였다.

미시시피 환상

━━━━━━━━ 방크제네랄 설립으로 급한 불은 끌 수 있었지만 왕실의 재정문제가 완전히 해결된 것은 아니었다. 왕실이 갚아야 할 거액의 부채는 여전히 남아 있었다. 1717년, 존 로는 개인적인 야심과 함께 두 번째 계획의 실행에 나섰다. 초기 자본금 1억 리브르 규모의 미시시피회사를 설립한 것이다. 당시 프랑스의 식민지였던 미국 미시시피강 유역에는 엄청난 양의 금과 은이 널려 있다는 소문이 무성했다. 미시시피회사를 통해 이 지역을 개발하고 대량의 금과 은을 들여온다면, 왕실의 재정 위기는 손쉽게 해결될 문제였다.

존 로는 회사 설립 과정에서도 재정가로서의 천재성을 유감없이 발휘했다. 설립 당시, 미시시피회사의 주식 한 주당 가격은 500리브르였다. 즉, 주식 한 주를 얻으려면 투자금 500리브르를 납부해야 한다는 말이다. 하지만 존 로는 투자금을 직접 납부하는 대신, 이를 프랑스 왕실에 빌려주었던 돈과 교환할 수 있게 했다. 왕실의 부채가 눈 녹듯 사라지고, 미시시피회사의 투자금으로 자연스레 바뀌게 되는 것이었다. 언제 파산할지 모를 왕실에 대한 채권을 전도유망한 회사의 주식으로 교환하는 것을 마다할 사람은 없었다. 회사가 갖고 있던 미시시피 유역의 무역 독점권까지 고려하면 주가 상승도 기대해볼 수 있었다.

장밋빛 미래를 예견한 사람들은 미시시피회사가 설립되자 경쟁적으로 주식을 사들였다. 투자자 모집이 완료되고 난 후, 1719년 가을 무렵에는 주식가격이 5,000리브르 수준까지 상승했다. 주가 폭등으로 졸부가 된 하인들이 있는가 하면, 주식을 매매하려는 사람들이 몰리면서 미시시피회사 근처 집세마저 10배 이상 급등하는 일이 벌어졌다. 미시시피 프로젝트의 성공에 고무된 존 로는 1719년 말까지 60만 주 가량의 주식을 추가로 발행했다. 왕실의 채무 상환과 투자금 확보가 명분이었다. 주식 취득 가격은 초창기 500리브르에서 9,000리브르까지 치솟은 상태였다. 불과 몇 년 사이, 미시시피회사는 막대한 자본력을 갖춘 거대기업으로 변모해 있었다.

존 로의 구상은 완벽히 실현되는 듯 보였다. 재정 위기를 겪던 왕실이나 돈을 떼일 것을 우려한 채권자들 모두 만족해할 만한 일들이 벌어졌다. 왕실을 짓누르던 거액의 부채는 주식으로 전환되거나, 미시시피회사에서 빌린 돈으로 상환되었다. 채권자들은 빌려준 돈을 포기하는 대신 모두가 갖고 싶어 하는 회사의 주식을 얻을 수 있었다. 주가 상승에 따른 이익은 덤이었다. 미시시피회사는 이 과정에서 조세징수권은 물론 인도, 중국, 아프리카 지역의 무역 독점권까지 따냈다.

하지만 불행히도 미시시피회사에 대한 환상은 오래가지 못했다. 때마침 식민지 항해에서 돌아온 사람들이 들려주는 소식은 사람들의 예상과는 크게 다른 것이었다. 황량한 토지와 뜨거운 태양, 생소한 원주민에 관한 이야기가 대부분이었다. 모두가 고대했던 황금 신화는 온데간데없었다. 미시시피회사가 무역사업에서 벌어들이는 이익 역시 사람들의 기대를 한참 밑돌았다.

존 로의 계획이 허황된 것이었다는 소문이 돌기 시작하자, 미시시피회사의 주가는 이전과는 완전히 반대 양상을 보였다. 한때 1만 리브르를 돌파했던 주가는 1719년 말부터 하락세로 접어들었다. 1719년 12월, 미시시피회사의 주가는 8,000리브르 아래로 주저앉았다. 주가 하락이 이어지자 존 로는 방크루아얄을 동원했다. 최소한 9,000리브르 수준의 가격을 유지하기 위해 주식을 계속해서 매입하도록 했다. 매입에 필요한 돈은 방크루아얄이 가진 화폐 발행권을 통해 찍어냈다. 이러한 노력에도 불구하고 주가 하락세는 멈추지 않았다. 1720년 5월 4,000리브르까지 떨어진 주식은 그해 12월에는 1,000리브르로 폭락했다.

뱅크런과 방크루아얄의 몰락

━━━━━━━━ 미시시피 환상이 사라진 것과 함께 새로운 위험도 불거졌다. 늘어난 화폐량 때문이었다. 은행 설립 초기, 은행권의 발행량은 금속화폐와의 교환 비율을 그럭저럭 맞출 수 있는 수준이었다. 그러나 미시시피회사의 주식 폭락과 함께 이러한 원칙도 무너졌다. 주가 방어를 위해 무작위로 화폐를 찍어내는 바람에, 시중에 발행된 은행권 물량이 자그마치 26억 리브르로 불어난 것이다. 금속화폐가 쓰이던 시절과 비교하면 통화량이 네 배 이상 폭증한 상태였다. 그로 인한 물가상승과 화폐가치의 하락은 당연한 수순이었다. 영민했던 몇몇 사람들은 서둘러 은행권을 금속화폐로 교환해가기 시작했다.

사태가 악화될 조짐이 보이자 프랑스 왕실이 수습에 나섰다. 왕실은 칙령을 통해 은행이 발행한 지폐만이 법정통화로 인정되며, 누구든 500리브르 이상의 금속화폐를 보관하지 못하도록 했다. 은행권의 지위와 가치를 유지하려는 특단의 조치였다. 하지만 이는 사람들의 불안감을 고조시키는 결과만 낳았다. 발행된 은행권 액수만큼 금속화폐로 교환해주기 어렵다는 것을 스스로 인정한 꼴이 되었기 때문이다. 왕실이 조치를 취하고 나자, 존 로와 은행권에 대한 사람들의 불신은 극에 달했다.

미시시피 거품의 붕괴와 함께, 사람들은 너나 할 것 없이 방크루아얄로 몰려들어 은행권을 금속화폐로 교환해달라고 요청

● 존 로가 발행한 은행권

출처 · wikimedia

했다. 뱅크런bank run이었다. 은행권이 남발된 탓에 교환 요청을
감당할 수 있는 금속화폐는 이내 동이 났다. 미처 교환되지 못
하고 남은 은행권은 가치 없는 종잇조각으로 전락하고 말았다.
은행권을 통해 프랑스 왕실을 구하고자 했던 존 로로서는 아무
런 손쓸 방안이 없었다. 그의 야심 찬 계획 하에 만들어졌던 방
크루아얄도 허무하게 무너지고 말았다. 1720년 12월 국외로 추
방된 존 로는 이후 타국에서 쓸쓸히 죽음을 맞이하는 신세가
되었다.

방크루아얄의 몰락을 계기로 프랑스에서는 오랜 기간 은행
과 종이화폐에 대한 반감이 계속되었다. 1803년 프랑스은행
Banque de France이 화폐 발행권을 갖게 되기까지, 약 80년 동안 금
속화폐만이 이용되었다. 이와 함께 프랑스 왕실의 재정 위기
해결도 요원한 일이 되고 말았다. 가까스로 명맥을 유지해가던

프랑스 왕실은 루이 16세 시기 파산과 더불어 프랑스 혁명을 맞이하게 되었다.

존 로가 현대에 태어났다면 결과는 달랐을까?

━━━━━━━ 18세기 프랑스인들이 겪었던 뱅크런 사태가 오늘날에 발생했다면 그 결과는 어땠을까? 사실 뱅크런은 이후로도 시간과 장소를 바꿔가며 끊임없이 반복되어 왔다. 1930년대 대공황 시기를 비롯해, 금융위기가 닥친 국가에서는 어김없이 예금을 찾으려는 고객들의 기나긴 행렬이 이어지곤 한다. 하지만 오늘날에는 뱅크런이 발생하더라도 존 로가 감내해야 했던 처참한 결과만큼은 피할 수 있다.

우선 고객의 피해를 최소화하기 위해 대부분의 국가들은 예금자 보호 제도를 운영하고 있다. 은행이 파산하더라도 국가가 나서서 고객의 돈을 보호해주기 위한 것이다. 뱅크런으로 예금 인출이 지연될 수는 있을지언정, 일정 금액에 대해서는 정부가 지급을 보장해준다. 또한 뱅크런 사태가 예견되면 중앙은행이 혼란을 조기에 수습하기도 한다. 자금난을 겪는 은행에 구제금융을 지급하는 등의 방식으로 위험의 확산을 방지한다. 지급준비금 제도를 운영하거나, 감독기관의 규제를 통해 뱅크런 같은 위험 요인을 사전에 억제하는 것 역시 금융시장 안정을 위한 대표적인 조치들이다.

현대 금융 시스템의 혜택을 누릴 수 없었던 존 로가 대단히 아쉬워할 내용인지도 모르겠다. 하지만 비극적인 결말과는 별개로, 화폐를 발행하여 국가 재정문제를 해결하려 했던 그의 생각만큼은 대단히 혁신적인 발상으로 평가받고 있다. 그의 주장은 현대의 화폐금융 이론과도 맞닿아 있어, 혹자는 그를 최초의 화폐이론가로 칭하기도 한다. 이 때문에 존 로가 정교한 금융 시스템이 갖추어진 현대에 태어났다면 어땠을까 하는 궁금증이 일기도 한다. 번뜩이는 천재성으로 경제 대통령 역할을 하고 있을까? 아니면 희대의 사기꾼으로 사람들의 입방아에 오르내리고 있을까?

10 금융으로 세상을 지배한 로스차일드가

머천트 뱅킹

마이어 암셀, 로스차일드가의 기반을 닦다

메디치 가문만큼이나 금융 역사의 많은 페이지를 장식한 가문을 꼽자면 단연 로스차일드 가문일 것이다. 메디치 가문을 통해 근대 은행의 면모가 갖추어졌다면, 로스차일드 가문은 머천트 뱅킹merchant banking이라는 새 영역을 개척하며 국제금융의 지배자로 군림했다. 이들이 보여준 은행가로서의 역할과 스케일은 이전 은행가들과는 전혀 달랐다. 이들은 어음을 인수하여 국제무역을 지원하고, 증권을 발행해 대규모 자금을 조달했다. 채권가격의 변동을 이용해 이익을 얻거나, 철도·광산 같은 산업시설을 대상으로 투자를 늘려간 것은 현대 투자은행의 효시라 할 수 있다.

명문 은행가 집단으로서 로스차일드 가문의 기반을 마련한 것은 마이어 암셸 로스차일드Mayer Amschel Rothschild였다. 프랑크푸르트 유대인 집단 거주지역에서 태어난 그는 12세가 되던 해 전염병으로 부모를 모두 잃었다. 1757년부터는 친척이 운영하는 하노버의 금융업체에서 일하며 무역과 외환에서 경험을 쌓았다. 1763년 프랑크푸르트로 돌아온 뒤로는 자신만의 사업을 시작했다. 가게 앞에는 대대로 자신의 집안을 상징해온 붉은 방패rot schild를 걸어두고, 이를 가문의 이름으로 사용했다.

사업 초기 그가 관심을 보였던 분야는 골동품거래였다. 독일의 귀족과 부호들 사이에 골동품 수집이 유행하고 있던 터라 그의 사업은 꽤나 성공적이었다. 그러던 중 헤센 공국의 왕자 빌헬름 9세에게 진귀한 화폐를 구해준 것이 그에게 새로운 기회를 가져다주었다. 이를 계기로 빌헬름 9세와 친분을 쌓고 궁정 상인의 지위도 얻을 수 있었기 때문이다.

1785년 빌헬름 9세가 군주 지위를 승계하자, 마이어 암셸의 은행업 진출도 본격화되었다. 그는 빌헬름 9세의 후원 하에 궁정 은행가 지위에 오르면서, 영지 내 재산관리 업무를 도맡아 처리했다. 빌헬름 9세는 비록 소국의 군주였지만 당시 유럽에서도 손꼽히는 부호였다. 인구의 7퍼센트 정도를 병력으로 유지하며 유럽 각국을 상대로 벌이던 용병사업 덕택이었다. 이 과정에서 마이어 암셀은 환전이나 어음 업무를 비롯해, 독자적으로도 은행업을 영위하면서 상당한 재산을 축적할 수 있었다.

유대인으로 상인 기질을 타고났던 마이어 암셀은 자식들을 통해 사업을 확장하는 데도 관심이 컸다. 슬하에 있던 다섯 명의 아들을 각각 독일, 오스트리아, 영국, 이탈리아, 프랑스로 보내 국제적 영업 기반을 마련했다. 그중에서도 가장 뛰어난 인물은 셋째 아들인 네이선 로스차일드Nathan Mayer Rothschild였다. 다른 형제들조차 그를 가문의 총사령관으로 인정할 만큼 그는 천부적인 금융 감각을 지니고 있었다.

일생일대의 사업에 나선 네이선 로스차일드

━━━━━━ 1798년, 네이선은 부친이 건네준 2만 파운드를 들고 영국으로 건너갔다. 금융 가문의 일원이긴 했지만 그가 정착 초기부터 금융업에 몰두했던 것은 아니었다. 그가 처음 주력했던 분야는 면직물사업이었다. 당시 산업혁명이 진행 중이던 영국에서는 대량의 면직물을 값싸게 확보하는 것이 가능했다. 이 때문에 면직물을 유럽 대륙으로 수출하는 것만으로도 큰 이윤이 남았다. 네이선은 면직물사업을 통해 탄탄한 재정 기반을 확보한 것은 물론, 물류 운송에 필요한 폭넓은 네트워크도 구축할 수 있었다. 그리고 이 시기 그가 구축해둔 네트워크

는 나폴레옹 전쟁 기간 중 더없이
진가를 발휘했다.

나폴레옹 전쟁(1803~1815)이 절
정으로 치닫던 시기, 웰링턴 장군
이 이끌던 영국군은 이베리아반
도에서 프랑스군과 대적하고 있
었다. 여느 전쟁에서와 마찬가지
로 당시 영국군이 안고 있던 가장
큰 고민거리는 군비와 물자의 조
달 문제였다. 이를 위해 영국 내

출처 · wikimedia

에서는 국채를 발행해 비교적 넉넉한 자금을 확보해두고 있었
다. 하지만 해외 전쟁터에서 물자를 조달하고 동맹국들을 지
원하는 데 영국 화폐는 무용지물이었다. 만국 공통의 교환 수
단인 금을 확보해야만 했다. 대량의 금을 확보하고 전쟁터까지
수송하는 일은 전쟁의 승패가 달린 문제였다. 그렇지만 이런
과업을 수행하기란 여간 어려운 것이 아니었다. 나폴레옹의 대
륙봉쇄령 조치 이후, 영국과 유럽 대륙 간 모든 교역로가 차단
된 상태였기 때문이다.

영국의 이러한 어려움을 해결해준 사람은 다름 아닌 네이선
로스차일드였다. 그는 1814년, 영국 정부로부터 비밀리에 금화
수송 작업을 요청받았다. 그를 제외하면 대륙봉쇄령을 뚫고 금

을 운반할 수 있는 사람을 찾기란 불가능에 가까웠다. 수송 작전에는 그동안 그가 면직물거래를 통해 쌓아온 네트워크와 밀수 통로, 유럽 각지에 포진한 정보망이 총동원되었다. 덕분에 독일, 네덜란드 등 유럽 각지에서 모은 금을 피레네산맥 너머에 있던 웰링턴 장군에게 무사히 전달할 수 있었다. 영국으로부터 당초 요청받았던 금액은 60만 파운드 가량이었다. 하지만 네이선은 그 두 배에 해당하는 120만 파운드를 건네주었다. 위험한 사업의 대가로 네이선이 얻은 이익도 컸다. 조달 금액의 2퍼센트에 해당하는 수수료는 온전히 그의 차지였다.

패전 후 엘바섬으로 유배되었던 나폴레옹이 1815년 3월 파리로 귀환한 사건 역시 네이선에게는 더할 나위 없는 기회였다. 전쟁의 낌새를 알아차린 네이선은 이번에도 재빨리 금을 확보하는 데 나섰다. 나폴레옹의 귀환 이후 영국에 건네진 금은 총 200만 파운드 규모였다. 더불어 이번에는 영국과 동맹국을 위한 자금관리 업무까지 맡았다. 980만 파운드에 이르는 자금이 로스차일드가를 거쳐 전장으로 흘러들어갔다. 위기가 고조된 만큼 모든 거래에 따르는 수수료는 6퍼센트대로 상승했다.

네이선이 일생일대의 사업을 수행하는 동안, 로스차일드가의 재산은 헤아리기 어려울 만큼 불어나 있었다. 네이선 스스로도 자신이 수행했던 여러 사업들 중 최고로 여길 만큼 성공적인 비즈니스였다.

엄청난 수익을 거둔 채권투자

━━━━━━━ 1815년 6월 워털루 전투의 패배를 계기로 나폴레옹 시대는 막을 내렸다. 전쟁의 기운이 사그라들자, 막대한 자본을 축적한 로스차일드가는 이내 새로운 분야로 눈을 돌렸다. 채권투자였다.

당시 영국의 전비 조달에 주로 활용되었던 콘솔consol은 연 3퍼센트의 이자를 영구적으로 지급받을 수 있는 채권이었다. 하지만 기나긴 전쟁으로 영국의 재정 상황이 악화되고, 콘솔은 사람들로부터 외면을 받고 있었다. 액면가 100파운드짜리 콘솔이 불과 60파운드 내외 가격으로 거래되는 상황이었다. 전쟁 이후 상황을 예의주시하고 있던 네이선에게, 이는 타고난 금융 감각을 발휘해야 할 시점이기도 했다. 콘솔에 거금을 베팅하기로 한 것이다.

그는 영국이 전쟁에서 승리한 이상 부채는 줄고 국가 재정은 더 탄탄해질 것으로 내다봤다. 달리 해석하면, 영국 정부가 발행한 콘솔의 지급이 확실히 보장될 수 있다는 의미였다. 그에 따라 콘솔의 인기와 가격이 상승할 것은 너무나 분명했다. 이같은 판단이 서자, 네이선은 1815년 7월 무렵부터 싼값에 콘솔을 사들이기 시작했다. 매입가격은 액면가 대비 60퍼센트 초반 수준이었다. 채권 매입은 이듬해까지 계속되었는데, 1816년 말에는 액면가 기준으로 총 120만 파운드에 달하는 국채를 보유하게 되었다. 가문의 재산 대부분이 투입된 것이었다.

불안해진 형제들은 조금이라도 이익이 났을 때 국채를 매각하자고 했다. 그러나 네이선은 1년이 넘도록 꿈적하지 않았다. 1817년 7월 국채가격이 액면가 대비 80퍼센트 수준으로 가파르게 상승하자, 비로소 국채를 내다 팔기 시작했다. 같은 해 12월 국채가격이 최고점에 달했을 때는 대부분의 국채를 매각하고 난 뒤였다. 가문의 전 재산을 국채에 투자하고 40퍼센트 수준의 이익을 거두어들인 것이었다. 현재가치로 환산하면 가문이 얻은 이익은 약 6억 파운드(약 9,500억 원)에 해당하는 금액이었다. 다른 형제들을 제치고 네이선이 가문의 총사령관으로 불리게 된 이유를 능히 짐작할 수 있는 대목이다.

● 1812~1822년의 영국 국채(콘솔)가격 변화

국제금융의 새로운 표준을 마련하다

━━━━━━━ 금융 개척가로서 로스차일드 가문이 빼어난 역량을 발휘했던 분야는 국제 채권 발행 업무였다. 18~19세기 무렵, 정부를 상대로 돈을 빌려주거나 국채를 발행하는 일은 유력 은행가 집단이 처리하던 일이었다. 하지만 1818년, 로스차일드 가문이 프러시아에 500만 파운드의 자금을 마련해준 일은 국제금융의 새로운 지평을 연 거래였다.

나폴레옹 전쟁 이후, 영국의 동맹국이었던 프러시아에 남겨진 것은 막대한 규모의 부채였다. 프러시아 정부는 당시 경제와 산업의 중심지이던 런던에서 국채를 발행해 자금난을 해소하려 했다. 네이선과 그가 지휘하는 로스차일드 가문은 이들의 고민을 해결해줄 가장 영향력 있는 은행가 집단이었다. 다만 로스차일드가는 성공적인 국채 발행을 위해 몇 가지 조건을 내걸었다.

- 대출은 탈러화(프러시아의 화폐단위)가 아닌 파운드화로 할 것.
- 이자는 런던이나 로스차일드 가문의 해외 지점을 통해 지급할 것.
- 대출금의 일부를 정기적으로 분할 상환하고 이를 위한 재원을 마련해둘 것.

이런 조건은 예전의 금융 관행에서는 찾아보기 힘든 것이었다. 국채는 자국 통화를 기초로 발행되었으며, 이에 대해 이자만 지급할 뿐 원금 상환은 기약 없이 미뤄지는 일이 허다했다. 그렇지만 로스차일드 가문이 내세운 조건은 런던의 투자자들에게는 더 없이 매력적인 것이었다. 원금과 이자가 채권 발행국의 통화가 아닌 파운드화로 지급되어, 환율 변동에 따른 위험을 부담할 필요가 없었다. 또한 원금이 정기적으로 분할 상환되는 만큼 채권 발행국의 부도로 인한 위험도 덜 수 있었다. 로스차일드가의 요구에 맞춰 채권이 발행되자, 프러시아 국채는 투자자들 사이에서 불티나게 팔려나갔다. 영국 내에서만이 아니었다. 로스차일드 가문의 해외 지점과 브로커를 통해 파리, 빈, 프랑크푸르트, 암스테르담 등 유럽 전역의 투자자들이 비상한 관심을 보였다.

프러시아와의 거래를 계기로 마련된 기준은 국제 채권 발행 시장의 새로운 표준으로 자리 잡았다. 이후 러시아, 프랑스, 오스트리아 등 로스차일드가의 도움을 받으려는 유럽의 여러 국가들에 대해서도 동일한 기준이 적용되었다. 19세기 초중반, 유럽의 식민지배를 벗어나 독립국가로 첫발을 내딛기 시작한 중남미 국가들도 마찬가지였다. 독립국가 건설에 필요한 자금을 마련하기 위해서는 로스차일드 가문이 제시하는 기준을 따르는 것 외에 뾰족한 수가 없었다.

1850년대 말까지, 로스차일드 가문이 이런 방식으로 각국 정부를 위해 채권을 발행한 횟수만 50여 회에 달했다. 조달된 자금의 액수는 총 2억 5,000만 파운드 규모였다. 로스차일드가의 도움 없이는 전쟁을 치르기도, 국가를 제대로 운영하기도 어려울 지경이었다. 이처럼 금융을 통해 세상을 지배하던 로스차일드가를 독일의 퓌클러 왕자는 이렇게 평가할 정도였다.

> "술탄은 신자들의 통치자이지만, 로스차일드는 모든 통치자의 채권자다."

은행을 넘어 산업금융의 선구자로

━━━━━━ 로스차일드 가문이 마련한 국제금융의 기틀 덕에, 자본은 이제 국경과 대륙을 쉽게 넘나들 수 있게 되었다. 한 국가에서 발행된 채권은 다른 나라는 물론, 다른 대륙의 투자자들에게까지 널리 판매되었다. 로스차일드 가문의 활약상은 이들을 국제금융 시대를 연 선구자로 평가하기에 부족함이 없었다.

이러한 공로 외에, 로스차일드 가문은 산업금융 시대를 개척한 선구자이기도 했다. 근대적 형태의 은행이 탄생한 후로 산업시설에 직접 투자하거나 경영에 참여하는 것은 은행가 본연의 임무와는 거리가 먼 것이었다. 하지만 로스차일드가는 풍부한 자금력을 바탕으로 은행 외의 산업 분야로도 영향력을 확대해갔다.

1824년에 공동투자 형태로 보험회사를 설립한 것을 비롯해, 1830년대에는 금을 정제하는 데 필수적인 수은 광산 운영에 참여했다. 1840년대 유럽 내 철도 개발 붐이 일었을 때는 '북철도 회사Northern Railway Company'를 설립하고 노선 개발에도 앞장섰다. 이후로도 산업시설에 대한 투자 행보는 대단히 적극적이었다. 금이나 다이아몬드 생산을 위한 광산업이나 와인산업, 관광산업을 대상으로도 투자 대상을 넓혀갔다. 이들 중 몇몇 회사는 현재까지도 남아 로스차일드 가문의 오랜 역사를 증명해 보이고 있다.

로스차일드 가문이 보여준 금융가로서의 면모는 이전 은행가들의 모습과는 사뭇 다른 것이었다. 이들의 활동은 전통적인 은행가의 역할을 넘어 채권투자와 증권 발행, 국제금융, 산업시설 투자까지 아우르는 광범위한 것이었다. 이러한 차이는 그들이 오랜 기간 국제금융의 지배자로 군림하는 발판이 되었고, 앞으로 도래할 금융투자의 전성시대를 예고하는 것이기도 했다.

2부

금융 투자의
시대

FINANCE

"수천 명의 사람들이 저[증권거래소] 아래에 모여 있다.
온갖 계급의 사람들이, 온갖 나라의 사람들이"

멜히오르 포켄스Melchior Fokkens

01 '대박 아니면 쪽박' 베팅

모험자본과 투자

신대륙 발견의 숨은 공로자

1492년 8월 3일. 크리스토퍼 콜럼버스는 산타마리아호, 핀타호, 니나호 세 척의 선박과 100여 명의 선원을 이끌고 항해에 나섰다. 스페인 왕실의 후원을 받아 인도로 가는 새 항로를 찾기 위해서였다. 항해에 나선 그의 머릿속은 황금과 향신료에 대한 기대로 온통 가득 차 있었다. 항해일지에 65차례나 언급되고 있는 황금은 그에게 커다란 부와 명예를 가져다줄 것이 분명했다. 후추나 계피 같은 동양의 향신료는 유럽에서 보석만큼이나 값비싸게 거래되고 있었다.

하지만 첫 항해의 결과는 콜럼버스의 예상과는 어긋난 것이었다. 그가 발견한 땅은 인도도 아니었고(그가 도착한 곳은 카리브해 인근 바하마군도 지역의 섬이었다), 그토록 갈망하던 황금과 향신료를 가득 실어 오지도 못했다. 그렇지만 콜럼버스가 찾아낸 곳이 어디였건 간에, 그의 항해는 이후 유럽의 지형을 완전히 뒤바꿔놓았다. 지중해 중심의 무역 항로는 대서양으로 이동했고, 이를 발판 삼아 포르투갈과 스페인은 신흥 강대국으로 부상할 수 있었다. 물론 이 같은 변화는 여러 복합적인 요인들 덕분에 가능했지만, 그 가운데 금융 역시 빼놓을 수 없는 요소 중 하나였다.

장거리 항해를 위해서는 대규모 자금이 필요하기 마련이다. 선박을 확보하고 선원들을 고용하는 데 드는 돈을 개개인이 감당하기란 역부족이다. 당시 스페인 가정의 월수입은 600마라베디Maravedí 정도였는데, 콜럼버스가 예정한 항해에는 최소 200만 마라베디가 필요했다.

자금을 마련해야 했던 콜럼버스가 처음 도움을 구한 곳은 포르투갈 왕실이었다. 하지만 그의 요청은 보기 좋게 퇴짜를 맞았다. 그가 예측한 항해 거리가 지나치게 짧게 계산되었으며, 도저히 실현 불가능한 것으로 보였기 때문이다.

다음으로 찾아간 곳은 스페인 왕실이었다. 비록 이사벨 여왕이 콜럼버스에게 개인적인 호감을 갖고 있긴 했지만, 스페인 학술위원회의 판단도 포르투갈과 다르지 않았다. 불가능한 계획을 후원해봤자 돈만 날릴 것이 뻔해 보였던 것이다. 거듭된 거절에 낙담한 콜럼버스는 차선으로 프랑스 왕실과 접촉해보려 했다. 이를 위해 스페인을 떠나려는 순간, 한 통의 서신이 그에게 배달되었다. 왕실의 허가가 내려졌으니 출항을 준비하라는 내용이었다. 학술위원회의 반대에도 불구하고 이사벨 여왕이 콜럼버스를 후원하기로 결정한 것이었다.

이사벨 여왕이 이 같은 결정을 내린 데에는 콜럼버스의 지지 자였던 루이스 데 산탄젤Luis de Santángel의 역할이 컸다. 그는 콜 럼버스를 후원했을 때 잃는 것은 적은 반면, 항해가 성공할 경 우 스페인이 얻게 될 이익은 어마어마하다는 점을 강조했다. 그도 그럴 것이, 항해가 성공하면 더 이상 지중해 연안의 상인 들에게 비싼 값을 주고 향신료를 사들일 필요가 없었다. 오히 려 향신료 무역을 통해 40~50배의 이익을 기대할 수 있는 상황 이었다. 1488년 경쟁국 포르투갈이 아프리카 최남단인 희망봉 에 도달한 것도 이사벨 여왕의 결심을 굳히게 만들었다. 이후 스페인 왕실로부터 지원받은 140만 마라베디와 여러 상인들의 후원을 토대로, 콜럼버스는 역사적인 항해에 나설 수 있었다.

모험자본과 투자: 대박 아니면 쪽박

▬▬▬▬▬ 이사벨 여왕의 결정은 투자의 세계에서 모험자 본의 성격을 여실히 보여주는 사례였다. 모험자본이란 실패의

위험은 있으나 성공할 경우 막대한 이익을 낼 수 있는 사업에 제공되는 자금을 말한다. 콜럼버스의 항해가 성공하면 스페인 왕실은 큰 이익을 얻을 수 있지만, 실패할 때는 후원금 전부를 날리게 되는 것과 마찬가지다. 비록 회사나 주식 같은 제도는 없던 시기였지만, 이사벨 여왕은 신대륙 발견을 위한 모험자본 투자자로서의 역할을 마다하지 않았다.

오늘날 금융의 세계에서 모험자본 투자는 흔히 벤처캐피털 venture capital이라고도 불린다. 유망한 회사나 신생 기업에 대규모 자금을 투자하고 그 대가로 주식을 취득하는 것이 일반적인 투자 방식이다. 투자금으로 회사 운영과 성장에 필요한 자금을 지원한 다음, 사업이 본궤도에 오르면 주가 상승을 통해 그 위험을 보상받게 된다. 그렇지만 위험을 감수한 결과가 언제나 성공적인 것만은 아니다. 일부 성공 사례의 이면에는 그 몇 배에 달하는 실패 사례 역시 존재한다. 따라서 투자 관점에서 본다면, 모험자본을 투입한 10개 회사 중 한 개 회사만 성공하더라도 결과가 그리 나쁜 것은 아니다. 한 건의 성공적인 투자를 통해 나머지 투자에서의 실패를 만회할 수 있기 때문이다.

모험자본에서 엿볼 수 있듯, 투자의 기본적인 속성은 위험을 감수하는 대가로 평균보다 높은 수준의 이익을 얻는 것이다. 하지만 위험 감수를 전제로 하는 만큼 경우에 따라서는 투자금 전부를 잃게 될 수도 있다. 이익 수준은 낮지만 원금을 잃을 위험이 거의 없는 은행상품(대표적으로 예금)과 명확히 대비되는 점이다.

오늘날 대부분의 경제주체들은 투자에 열심이다. 대규모 투자와 극단적인 손익을 마주해야 하는 모험자본 투자까지는 아니더라도, 다양한 투자 수단들이 활용되고 있다. 과거 대표적인 자산 증식 수단이던 예금을 비롯해 주식, 채권, 펀드, 신탁, 대체투자에 이르기까지 투자 대상은 나날이 다변화하고 있다. 그렇다면 이처럼 다양한 투자 수단들이 활용될 수 있는 기본 여건은 언제, 어떻게 마련되었던 것일까?

투자의 대중화를 이끈 주식회사의 출현

━━━━━ 소수 자본가의 전유물이었던 모험자본 투자를 벗어나, 대부분의 사람들이 투자에 참여할 수 있게 된 것은 주식회사와 증권거래소의 출현에 힘입은 바 크다.

1602년, 네덜란드는 동인도 지역과 무역거래를 하던 소규모 회사들을 통합해 동인도회사Vereenigde Oostindische Compagnie라는 하나의 회사를 설립했다. 소규모 회사별로 항해가 끝날 때마다 수익을 분배하고 청산하기를 반복하던 기존의 방식으로는 안정적인 사업 운영이 어려웠던 탓이다. 이 무렵 네덜란드의 여섯 개 항구 도시를 중심으로 활동하던 소규모 회사들의 평균 운영기간은 3~4년에 불과한 실정이었다. 아울러 통합 동인도회사의 설립은 국가 전략상 불가피한 선택이기도 했다. 포르투갈, 스페인 등 경쟁국들에 맞서기 위해서는 흩어져 있던 인적·물적 자원을 한데로 모을 필요도 있었기 때문이다.

이렇게 해서 탄생한 동인도회사의 규모나 자본은 이전 회사들과는 비교하기 어려운 수준이었다. 동인도회사는 아프리카 희망봉에서 시작해 인도, 아시아, 남아메리카에 이르는 전 지역의 무역 독점권을 확보한 당대 최고의 유망 기업이었다. 동인도회사의 인기는 설립 초기, 투자자 모집 과정에서도 여실히 드러났다. 암스테르담 지역에서만 1,000여 명이 넘는 사람들이 투자자로 참여했다. 투자 모금액은 650만 길더(현재가치로 약 1억 유로에 해당하는 금액)에 달할 정도였다. 17세기 경제적 번영을 구가하던 네덜란드 시민들에게 동인도회사는 잉여자금을 투자하기에 더 없이 적합한 대상이었다.

동인도회사는 정관을 통해 투자와 관련된 다양한 보호장치도 마련하고 있었다. 기본적으로 투자자들은 동인도회사의 수익에서 일정 금액을 배당받을 권리가 보장되었다. 정관에 따르면, 초기 자본금의 5퍼센트에 이르는 수익이 날 때마다 이를 주주들에게 지급하도록 하고 있었다(다만 이 조항이 적용된 경우는 드물었으며, 최초의 배당이 실시된 것도 1610년 들어서였다). 그리고 만에 하나 회사가 파산하더라도 주주들은 자신의 투자금액 범위 내에서만 책임을 지도록 했다. 회사의 책임과 투자자 개인의 책임이 구분되는 이른바 유한책임 원리가 반영된 것이다. 더불어 투자자 지위를 타인에게 이전하거나 매각하는 것도 허용되었다. 투자금을 쉽게 회수할 수 있는 것은 물론, 신규 투자자도 자유롭게 유입될 수 있는 구조였다.

회사는 투자자를 통해 자금을 마련하고 투자자는 그 지위를 바탕으로 다양한 혜택을 누리는 모습은 우리에게도 그리 낯선 광경이 아니다. 오늘날 대부분의 회사 형태인 주식회사 제도는 동인도회사를 통해 이미 시작되고 있었던 것이다.

최초의 증권거래소

━━━━━━ 하지만 일반인들이 동인도회사의 주식을 직접 사고 팔기란 쉬운 일이 아니었다. 거래 상대방을 찾아야 하는 것은 물론 가격을 흥정하기도 만만치 않았다. 시장 상황에 밝지 않은 사람이라면 사기를 당할 수도 있었다. 이 때문에 주식을 매매하려는 사람들은 자연스레 당시 상인들이 주로 활동하던 곳으로 모여들었다. 주식의 매매시장 혹은 유통시장이 생겨난 것이었다.

초창기 주식거래는 암스테르담 교회 건물 옆 노천 시장을 중심으로 이루어졌다. 목재, 면직물 같은 상품이 주로 거래되던

● 17세기 암스테르담 거래소 전경

곳이었지만, 이곳을 통해 동인도회사의 주식도 함께 거래되었다. 1607년을 기준으로, 최초 주식 소유자의 3분의 1 이상이 변동되었을 만큼 주식거래는 활발한 편이었다. 이 과정에서 주식 브로커broker 역할을 하는 자들도 생겨났다. 이들은 투자자에게 최신 정보를 제공하고 매매가격에 관한 조언을 해주었는데, 그 대가로 거래대금 일부를 수수료로 챙겼다.

1611년 암스테르담의 로킨Rokin가에 상업거래소 건물이 들어선 뒤로는, 동인도회사의 주식도 이 건물에서 거래되었다(후대에 이르러 이 건물은 해당 건축가의 이름을 기려 헨드릭 데 카이저Hendrick de Keyser 거래소로 불렸다). 계절에 따라 변동은 있었지만 대개 오전

11시부터 12시까지, 거래소 내 지정된 기둥 옆에서 주식이 거래되었다. 정해진 시간과 장소에서 사람들이 만나 주식을 사고파는, 세계 최초의 증권거래소라 할 만한 곳이었다. 현대의 대표적인 증권거래시장인 런던 증권거래소London Stock Exchange나 뉴욕 증권거래소New York Stock Exchange의 원형이라 할 수 있다.

하지만 거래 시간이 제한된 상황에서는 사람들의 투자 욕구를 감당해내기 어려웠다. 정규 거래 시간이 끝나면 사람들은 거래소 밖 담장 주변으로 모여 주식거래를 이어갔다. 정규 거래소 시장과는 별개로 장외시장을 활용한 셈이었다.

주식거래가 활기를 띠면서 새로운 유형의 투자자들도 생겨났다. 거래소에 상주하며 주식 매매를 전문으로 취급하는 사람들이었다. 이들은 일반적인 투자자와는 달리 단순히 배당금이나 시세 상승을 주된 목적으로 하지 않았다. 대신에 대량으로 주식을 매매하면서, 주식을 살 때는 조금 더 싼 가격으로, 팔 때는 조금 더 비싼 가격으로 거래하기를 반복했다. 그 과정에서 얻게 되는 차액이 이들의 주된 수입원이었다. 전문적인 트레이딩을 통해 수익을 내는 현대 투자은행가들의 모습과도 흡사했다. 거래의 주목적이 무엇이었든 간에, '마켓메이커market-maker' 역할을 수행했던 이들 덕분에 거래소에서 주식을 사고파는 일은 한결 수월해졌다.

주식회사가 나타나고 증권거래소가 그 기능을 발휘하자 금융시장에도 변화의 바람이 불어왔다. 이제 주식에 투자하는 것은 시장에서 상품을 사고파는 것만큼이나 자연스러운 일이 되었다. 주식을 매입할 자금만 있다면 누구라도 투자에 참여할 수 있는 길이 열린 것이다.

02 뉴턴과 헨델, 투자 대결의 승자는?

주식과 채권

투자자의 재앙이 된 남해회사 버블

━━━━━ 네덜란드에서 고조되기 시작한 투자 열기는 17세기 후반 영국에서도 이어졌다. 이때부터 크고 작은 전쟁에 관여돼 있던 영국 군수회사들의 주식이 단연 인기를 끌기 시작한 것이다. 1690년 이후 영국에서는 20여 개 이상의 회사 주식이 새로 발행되었으며, 투자자들이 몰리면서 거래량도 치솟았다. 전성기 암스테르담 시장과 견주어도 손색이 없을 정도였다. 그중에서도 남해회사South Sea Company는 주식투자 열기가 한창이던 1711년, 영국 정부의 필요에 따라 설립된 회사였다.

당시 스페인 왕위계승 전쟁(1701~1714)에 참여한 여파로 영국은 엄청난 빚더미에 올라앉은 상태였다. 국채 발행에 따른 이자와 군사비 지출에만 국가 재정의 9퍼센트가 쓰이고 있었다. 그러자 영국 정부는 남해회사를 설립하고 이 회사가 벌어들이는 이익으로 부채를 상환하려 했다. 주요 예상 수익원은 남태평양 지역에서의 독점무역사업과 스페인 식민지를 대상으로 한 노예무역사업이었다. 하지만 설립 이후 남해회사가 거둬들이는 수익은 변변치 못한 수준이었다. 교역량도 많지 않았거니와, 1718년 영국과 스페인 간 전쟁이 재발하면서 남해회사의 재정은 악화일로로 치달았다.

사정이 나아질 기미가 없자, 1719년 남해회사는 부채 문제 해결을 위한 특단의 대책을 마련했다. 정부로부터 남해회사의 주식 발행 권한을 얻은 것이다. 이 권한을 이용해 남해회사의 주식을 발행한 다음, 정부가 갚아야 할 돈과 맞바꿀 심산이었다. 이런 조치에 따르면 정부에 돈을 빌려준 사람들은 받을 돈을 포기하는 대신 남해회사의 주식을 취득할 수 있었다. 현대적으로 해석하자면 채권자 지위를 주주 지위로 전환하는 것에 가까웠다.

유망 투자처를 물색 중이던 사람들에게 이런 복잡한 구조나 남해회사의 경영 상태는 그리 중요한 문제가 아니었다. 남들이 부러워하는 회사의 주식을 갖는 것만으로도 만족해할 만한 일이었다. 남해회사 역시 스페인 식민지와의 통상권이나 은광

● 남해회사 주가

을 확보했다는 식의 루머를 퍼트려 투자 심리를 부추겼다. 이런 방식으로 남해회사의 주주가 된 이들은 주변의 부러움을 한 몸에 받았다. 1720년 1월 120파운드 수준이던 주가가 같은 해 5월 500파운드, 6월에는 1,000파운드까지 치솟았기 때문이다. 불과 6개월 사이에 발생한 일이었다.

남해회사 주가가 폭등하자 투자자들은 종목에 관계없이 주식 매입에 열을 올렸다. 주식으로 이익을 보려는 사람들이 넘쳐나면서 주식시장 전체가 광풍에 휩싸이는 형국이었다. 고조된 투자 열기를 악용하는 경우도 빈번했다. 무허가 유령 회사를 차려두고 투자금만 가로채가는 일이 잇따라 발생했다. 시장이 비이성적으로 과열되었다고 판단한 영국 정부는 마침내 대응에 나섰다. 1720년 6월 거품회사규제법The Bubble Act을 마련한 것이다. 법의 목적은 무허가 주식회사의 설립을 막고 투자자들을 보호하는 것이었다.

그러나 이런 조치는 예상치 못한 부작용을 초래했다. 투자 열기가 한순간에 사그라들면서 남해회사를 포함한 모든 회사의 주식거래가 얼어붙어버린 것이다. 뒤늦게나마 남해회사의 상황을 인지한 투자자들이 주식을 내다 팔기 시작하자, 끝 모를 투매 행렬이 이어졌다. 거품이 터짐과 동시에 남해회사의 주가도 추락했다. 10배 가까이 치솟았던 주가는 채 1년이 지나지 않아 제자리로 돌아왔다.

로또를 기대하며 주식투자에 나섰던 사람들의 피해는 이루 말할 수 없을 정도였다. 파산은 물론 자살까지 내몰린 사람들이 부지기수였다. 피해자 가운데는 역사상 가장 뛰어난 물리학자로 일컫는 아이작 뉴턴도 있었다. 그는 투자 초기 7,000파운드를 벌기도 했지만, 버블 붕괴로 결국 2만 파운드(현재가치로 300만 달러 수준)의 손실을 입었다. "천체의 움직임은 계산할 수 있지만 인간의 광기는 계산하기 어렵다"던 뉴턴의 말에는 당시 쓰라린 실패를 경험한 심정이 고스란히 녹아 있다.

다만 남해회사 버블로 모든 투자자들이 피해를 본 것은 아니었다. 일부는 버블이 꺼지기 직전 주식을 매각하고 큰 이익을 거두기도 했다. 서양음악의 기틀을 마련한 공로로 음악의 어머니로도 불리는 프리드리히 헨델도 그중 한 명이었다. 그가 남해회사를 통해 벌어들인 수익은 최고 수준의 음악가들로 구성되었던 왕립 음악아카데미의 설립 자금으로 요긴하게 쓰이기도 했다.

회사와 주주, 그리고 주식

━━━━━━ 투자의 세계에서 사람들에게 가장 친숙한 대상을 꼽으라면 단연 주식을 빼놓을 수 없다. 18세기 남해회사의 사례를 들지 않더라도 애플이나 테슬라 같은 유망 주식에 대한 투자자들의 관심은 예나 지금이나 변함이 없다. 가격의 등락에 따라 투자자들을 웃기고 울리는 모습 역시 마찬가지다. 이렇듯 주식이 많은 사람의 관심을 받고 있다면, 투자에 앞서 그 속성을 이해하는 과정이 무엇보다 필요하다. 주식이란 과연 무엇이고 어떤 기능을 할까?

투자 수단으로서의 주식은 주식회사와는 떼려야 뗄 수 없는 개념이다. 주식회사를 통해 주식이 발행되고, 이렇게 발행된 주식이 거래를 통해 다양한 투자자들의 손에 들어가기 때문이다. 따라서 주식은 주식을 발행하는 회사와 보유한 주주들에게 서로 다른 의미를 지닐 수밖에 없다.

우선 주식을 발행하는 회사 입장에서 보자면 주식은 자금을 마련하기 위한 수단 중 하나다. 주식이 발행되면 주주들은 투자금을 납부해야 하는데, 이는 회사 운영을 위한 기초적이고 영구적인 자본을 형성한다. 대출거래에서 부담하는 채무와 달리 회사는 주주에게 약속된 시점에 돈을 갚아야 한다거나 이자를 지급할 의무가 없다. 회사의 운영 성과에 따라 발생한 이익을 주주에게 배당금으로 지급하면 그만이다. 물론 사업이 부진하면 배당금을 지급하지 않아도 무방하다. 이처럼 채무 상환의 부담 없이 거액의 자금을 마련할 수 있다는 점에서 주식은 대단히 효과적이고 안정적인 자금조달 수단으로 기능한다.

이에 반해 주주 입장에서 주식은 그 회사의 주인이 되는 것과 같은 의미를 갖는다. 주주는 자신이 가진 주식의 비율만큼 회사의 재산에 대해 권리를 인정받을 수 있다. 주주 지위에서 갖는 의결권을 통해서는 경영에 참여하기도 한다(M&A를 통해 주식을 확보하고 기업을 인수하는 경우가 대표적이다).

하지만 대부분의 주주들은 이와 같은 권리 행사보다는 투자 목적으로 주식을 사고판다. 주가 상승에 따라 시세차익을 누리거나 회사에서 배당금을 받는 것이다. 보다 높은 수익에 대한 기대는 사람들을 주식시장으로 불러들인 주요 요인이었다. 이들의 기대에 부응하기라도 하듯, 우량 회사들의 주가는 일시적 부침에도 불구하고 장기적으로는 꾸준히 상승하는 모습을 보여준다(137쪽 도표 참고). 이런 점에서 주식은 대다수 사람들에게 유용한 투자 수단으로 기능하기도 한다.

● 대공황 이후 90년간 S&P 500 기업들의 주가 변동 추이

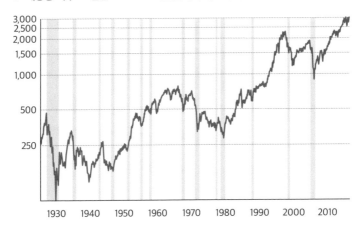

주식은 예금 같은 상품에 비해 고수익을 기대할 수 있지만 그에 따르는 위험도 간과할 수 없다. 주식가격은 하루에도 끊임없이 오르내림을 반복한다. 회사 실적이 부진하거나 금융위기 같은 상황이라도 발생하면 예금과 달리 투자원금 자체를 잃을 수도 있다. 예금이 '로 리스크 로 리턴low risk, low return' 상품이라면, 주식은 '하이 리스크 하이 리턴high risk, high return' 상품인 것이다. 투자에서 수익에 대한 기대만큼이나 위험관리가 필요한 이유이기도 하다.

전쟁이 불러온 채권의 발명

▬▬▬▬▬ 주식과 더불어 대표적인 투자 대상으로 고려되는 것은 채권이다. 주식에 비해 기대 수익률은 낮지만 안정성 면에서는 보다 유리한 금융상품이다. 다만 거래 규모나 단위가 주식보다 월등히 큰 편이어서 일반인이 직접 채권투자를 하는 경우는 흔치 않다. 금융회사나 연기금 같은 기관투자자들이 주요 거래 고객층이다.

채권이 활용되기 시작한 것은 주식보다 훨씬 이전인 12세기 무렵이었다. 지중해 북부 아드리아해의 지배권을 두고 이탈리아의 도시국가 베네치아와 비잔틴제국이 벌이던 전쟁이 그 발단이었다. 당시 비잔틴제국에 맞서 함대를 구축해야 했던 베네치아로서는 대규모 자금이 필요한 상황이었다. 이런 경우 흔히 쓰이던 방식은 자국민을 상대로 세금을 걷거나 금융가 집단으로부터 돈을 빌리는 것이었다. 하지만 이 방식도 한계에 다다랐을 즈음인 1172년, 베네치아 정부는 새로운 해결책을 떠올렸다. 채권을 발행하는 것이었다.

베네치아 정부가 생각해낸 방안은 시민들을 상대로 직접 돈을 빌리는 것이었다. 물론 시민들이 자발적으로 나서서 돈을 빌려줄 리는 만무했다. 따라서 정부는 시민들이 보유한 재산 수준에 따라 국가에 빌려줄 돈을 강제적으로 할당했다. 국가에 납부해야 할 세금과는 엄연히 별도였다.

시민들로부터 돈을 빌렸다는 사실은 '프레스티티prestiti'라 불리는 증서를 통해 기록해두었다. 이 증서를 소지한 사람은 정부에 돈을 빌려준 채권자 지위를 인정받고, 연 5퍼센트 수준의 이자도 지급받을 수 있었다. 증서를 제3자에게 이전하는 것도 가능했다. 국가에 직접 채권액의 반환을 요청하지는 못했지만, 증서를 매각하는 방식으로 원금을 회수할 수 있었다.

베네치아 정부의 사례에서 보듯, 채권이란 기본적으로 돈을 빌리는 자(채무자)가 돈을 빌려주는 자(채권자)를 상대로 발행하는 증서다. 이 증서에는 빌린 돈의 액수는 물론, 정해진 날짜에 원금과 이자를 지급하겠다는 약속이 포함되어 있다. 이는 일반적인 대출 과정에서 작성하는 차용증서와도 크게 다르지 않다. 하지만 채권은 다수의 사람들로부터 자금을 모집하는 수단으로 활용되며, 채권증서를 통해 자유롭게 유통될 수 있다는 점에서 대출과는 차이가 있다.

채권은 그 발명 이래, 자금수요자들을 위한 훌륭한 금융 수단으로 자리매김해왔다. 근대 유럽 국가들이 채권을 발행해 전쟁자금을 조달하거나, 현대 국가들이 동일한 방식으로 재정을 확충하는 것은 채권의 기능을 십분 활용한 것이다. 이처럼 채권은 발행자 입장에서 훌륭한 자금조달 수단이 되는데, 발행 주체에 따라 다양한 형태로 구분되기도 한다. 국가가 발행 주체이면 국채, 회사가 발행 주체이면 회사채로 불리는 것은 이런 기준에 따른 것이다.

한편 채권 보유자의 입장에서 채권은 안정적인 투자 대상이기도 하다. 발행 주체가 누구이건 간에, 투자자는 약속된 날짜에 이자를 지급받고 만기일에는 원금을 돌려받아 수익을 거둘 수 있다. 회사의 이익 여부에 따라 배당금 지급이 결정되는 주식과 대비되는 점이다.

채권은 기대 수익률은 주식보다 저조할지 몰라도 안전성 면에서는 탁월하다. 국채의 경우 정부가 지급을 보장하는 만큼 사실상 돈을 떼일 위험이 없다. 회사채 역시 회사가 파산하지 않는 한 원리금 지급이 보장된다. 설령 회사가 파산하더라도 채권 보유자의 권리는 주주의 권리보다 우선하도록 법적으로 보장되어 있다.

이외에도 기관투자자들은 이자율이나 수급 상황에 따라 달라지는 채권의 시장가격을 기초로, 채권 자체를 사고팔아 수익을 거두기도 한다.

주식과 채권의 상반된 특징 때문에 이에 대한 투자자들의 태도도 엇갈리기 마련이다. 위험을 감수하더라도 고수익을 원하는 투자자라면 채권보다는 주식을 선호할 것이다. 반면 수익률은 낮더라도 안정성을 중요하게 여기는 투자자라면 채권에 더 우호적일 수밖에 없다. 하지만 주식과 채권의 각기 다른 특징은 균형적인 투자를 위해 공존할 수 있는 요소이기도 하다. 주가 등락에 따른 위험은 안정적인 채권을 통해 상쇄될 수 있으며, 채권의 낮은 수익률은 주식을 통해 보완될 수 있기 때문이다. 주식과 채권은, 서로 달라 보이지만 묘하게 어울릴 수 있는 투자의 두 수단이다.

03 골드만삭스는 은행일까?

상업은행과 투자은행

━━━━━━ '은행' 하면 누구나 쉽게 떠올리는 기능은 예금을 받고 대출을 해주는 것이다. 그 밖에도 송금이나 환전, 어음 같은 다양한 일들을 은행에서 처리하는데, 이러한 업무에 주력하는 은행을 가리켜 흔히 상업은행commercial bank이라고 한다. 우리가 일상적으로 마주하는 은행의 모습이기도 하다.

개인이나 기업이 돈을 빌리기 위해 가장 먼저 찾는 곳도 이들 상업은행이다. 상업은행은 예금자가 맡긴 돈을 토대로 대출을 통해 자금을 적재적소에 공급해준다. 은행이라는 중개기관을 거쳐 공급자(예금자)로부터 수요자(대출자)에게 돈이 이전한다는 점에서, 이는 간접금융에 해당하는 방식이다.

하지만 자금수요자, 특히 기업의 입장에서는 은행의 중개 기능에 의하지 않고 다른 방식으로 필요자금을 마련할 수도 있다. 자금공급자로부터 자금수요자에게 바로 자금이 이전되는 직접금융 방식을 활용하는 것이다.

직접금융의 대표적인 예는 투자자를 상대로 주식을 발행하는 것이다. 주식을 발행해 주주를 모집하면, 이들이 투자한 자금은 곧바로 기업으로 흘러들어간다. 이런 방식으로 기업은 은행의 도움 없이도 대규모 자금을 직접 마련할 수 있다.

직접금융을 활용하는 또 다른 방식은 채권, 즉 회사채를 발행하는 것이다. 투자자에게 채권을 발행한 다음, 원금과 이자 상환을 약속하는 형태로 돈을 빌릴 수도 있다. 이때 기업은 발행된 채권액만큼 자금을 마련하게 되는데, 이 돈은 은행을 거치지 않고 투자자들로부터 직접 빌린 것에 해당한다.

자본시장capital market이란 이처럼 주식이나 채권 같은 증권이 발행되고 유통되는 시장을 일컫는 말이다. 하지만 자본시장에서는 우리에게 익숙한 상업은행의 역할이 그리 크게 부각되지 않는다. 여기서는 상업은행과는 다른 독특한 성격을 지닌 기관들이 핵심 플레이어다. 골드만삭스Goldman Sachs, 모건스탠리Morgan Stanley 등 흔히 투자은행investment bank으로 불리는 기관들이다.

일반인이 투자은행을 상대로 직접 예금을 맡기거나 대출을 받는 경우는 흔하지 않다. 투자은행 역시 은행이라는 용어를 쓰고 있지만, 이들의 주된 기능과 역할은 상업은행과는 구별되기 때문이다. 이와 같은 투자은행은 금융시장에서 어떤 역할을 할까?

투자은행의 역할 Ⅰ: 증권 발행과 인수

━━━━━━━ 19세기 중반, 국제금융시장의 주역은 여전히 로스차일드가, 베어링은행 등으로 대표되는 유럽 자본이었다. 당시 신흥 국가로 부상하고 있던 미국 역시 남북전쟁이나 철도 건설 같은 사업을 위해서는 유럽 자본에 의존할 수밖에 없었다. 미국 내에는 그만한 돈을 빌려줄 은행이 없었기 때문이다. 결국 유럽의 투자자들을 상대로 채권을 판매해 자금을 마련하는 것이 거의 유일한 해결책이었다.

이 과정에서 미국의 채권과 유럽의 자본을 연결해준 대표적인 인물은 주니어스 스펜서 모건Junius Spencer Morgan이었다. 모건 금융 왕국의 선구자와도 같은 인물이다. 그는 미국인으로서 영국의 금융업자들과 긴밀한 관계를 유지하고 있었기에, 그만한 적임자도 드물었다. 그의 아들인 존 피어폰트 모건John Pierpont Morgan은 뉴욕에 거점을 두고 부친의 사업을 확장해가면서 투자

● 금융으로 미국 산업을 지배한 J. P. 모건

J. PIERPONT MORGAN, UNLIKE ALEXANDER THE GREAT, HAS MORE WORLDS TO CONQUER.
This Stirring American, Having Gained Control of Our Railroads and Steel Business, is Reaching for the Shipping of the Universe.

출처 · The Ohio State University Billy Ireland Cartoon Library & Museum

은행의 전성시대를 연 장본인이기도 하다.

모건 가문을 위시해 초창기 미국의 투자은행가들이 주로 취급했던 업무 중 하나는 철도회사와 관련된 것들이었다. 1830년대부터 시작된 철도 건설 붐에 편승해 당시 미국에서는 수많은 철도회사들이 설립되어 있던 상황이었다. 1840년 4,800킬로미터 정도였던 미국의 철도 연장은 1861년 5만 킬로미터에 이를만큼 철도사업은 부흥기를 맞고 있었다. 하지만 자금력이 빈약했던 철도회사들이 공사에 드는 비용을 직접 감당하기는 어려웠다. 이들이 재원 마련을 위해 활용했던 방안은 주식, 회사채 같은 증권을 발행하는 것이었다.

증권을 발행해 자금난을 해소한다 하더라도, 또 다른 현실적인 난관이 있었다. 금융과는 일면식도 없는 회사가 이런 일들을 실제 수행하기란 쉽지 않았던 것이다. 증권 업무에 관한 전문성도 부족하거니와 투자자와 자본을 끌어들일 수 있는 광범위한 네트워크도 없었다. 이 때문에 증권을 발행하려는 회사의 입장에서 투자은행가들은 없어서는 안 될 존재였다. 증권의 가격과 수량의 결정, 투자자 모집, 청약서류 작성, 자금 이전 같은 복잡한 일들을 전부 투자은행가들이 처리했다. 자금 마련을 위한 유용한 창구 역할을 했던 셈인데, 이 과정에서 투자은행이 수행한 역할이 바로 증권 인수underwriting 업무였다.

증권 인수 업무를 맡은 투자은행은 어떤 방식으로 자금을 마련했을까? 그 기본적인 방식은 147쪽 그림과 같다. 우선 투자은행은 증권의 대부분을 자신의 책임 하에 취득하고 그에 해당하는 자금을 조달해주기로 한다. 이렇게 인수된 증권은 이후 투자자들에게 판매되는데, 투자자들은 그 대가로 투자금을 납입해야 한다. 이 돈이 결국 투자은행을 거쳐 자금이 필요한 회사로 흘러들어가게 되는 것이다. 투자은행은 이 과정에서 증권 인수에 따른 책임을 투자자들에게 고루 분산시킬 수 있으며, 두둑한 수수료 수입도 챙길 수 있었다.

증권 인수 업무는 대출 같은 전통적인 은행 업무에 비해 수

익성이 월등히 높았다. 그 비결은 투자은행이 독점하고 있는
정보와 전문성, 거래상의 우월한 지위였다. 이를 바탕으로 자금
이 필요한 회사로부터는 싼값에 증권을 인수하고, 투자처를 찾
는 고객들에게는 비싼 값으로 판매할 수 있었다. 그 차액은 고
스란히 투자은행의 수익으로 돌아갔다.

　물론 투자은행이 인수한 증권이 사람들의 관심 밖이라면 큰
손실을 부담할 위험도 있었다. 하지만 이러한 일은 드물었다.
투자은행의 명성을 빌려 발행된 증권들은 투자자라면 누구나
눈독 들이는 대상이었기 때문이다.

투자은행의 역할 II: M&A와 기업 자문

━━━━━━━━ 투자은행업이 융성해가던 19세기 말은 미국 산
업계에서 기업 간 인수합병Merger & Acquisition 움직임 역시 그 어느
때보다 활발한 시기였다. 교통과 통신의 발달로 전체 미국시장
이 하나로 통합된 것이 그 배경이었다. 기업들은 합병을 통해

규모를 키우고 경쟁력을 확보하려 했다. 철강이나 제조업 분야에서는 유럽에 대항할 목적으로 전략적인 합병이 추진되기도 했다. 이처럼 당시 산업계에서는 합병이 주요 화두였는데, 궁극적인 목적은 경쟁관계의 회사들을 하나로 합쳐 트러스트[trust]를 형성하는 것이었다. 경쟁자들을 없앰으로써 시장 지배력을 높이고 이윤을 극대화할 수 있었기 때문이다.

그 가운데서도 단연 돋보인 사건은 유에스스틸[U. S. Steel] 합병 사례였다. J. P. 모건과 철강왕 앤드루 카네기[Andrew Carnegie] 간 거래로 만들어진 이 회사 역시 동일한 맥락에서 탄생한 것이었다. J. P. 모건은 1901년, 카네기스틸[Carnegie Steel]과 다수의 철강회사들을 합병해 세계 최대의 철강회사인 유에스스틸로 탈바꿈시켰다. 이 거래를 성사시키기 위해 카네기에게 지불한 돈은 자그마치 4억 9,000만 달러였다(현재 기준으로 약 150억 달러에 해당). 막대한 통합 비용에도 불구하고 독점에 따른 이익이 더 컸기에 가능한 일이었다. 이 같은 세기의 거래를 포함해, 1895년부터 1904년 사이 미국 내에서 성사된 합병만 하더라도 약 1,800건에 이를 정도였다. 가히 합병의 시대로 불릴 만한 시기였다.

그렇다면 이토록 수많은 합병 사건을 처리하는 데 관건은 무엇이었을까? 그리고 이런 문제는 누가 나서서 해결했을까?

기업의 인수나 합병 과정에서 무엇보다 민감한 사항은 회사의 가격을 매기는 일이었다(주식회사의 경우에는 회사 주식의 가치를 평가하는 것과 동일하다). 회사의 가치에 터 잡아 인수 대금이 정해지는데, 이는 합병 후 갖게 될 지분 규모에도 직접 영향을 미쳤기 때문이다. 결국 합병 당사자 간에 기업의 합당한 가치를 매기는 일은 거래의 성사를 좌우하는 일과도 같았다.

이 과정에서 탁월한 역량을 발휘했던 것은 투자은행이었다. 이들은 증권 인수 업무를 통해 회사나 주식의 가치를 평가하는 일에 정통한 집단이었다. 투자은행은 적정한 기업가치를 평가할 수 있는 제3자로서 시장의 신뢰를 얻었으며, 거래 당사자 간 대립된 이해관계를 원만히 조율해냈다.

기업의 인수합병에 필요한 자금을 마련하는 것은 또 다른 문제였다. 이 문제를 해결하는 데 있어서도 투자은행의 역할은 절대적이었다. 투자은행은 그들만이 가진 전문성과 네트워크를 활용해 주식, 채권, 대출 등 다양한 자금조달 방안을 마련해냈다. 투자은행의 도움을 빌린다면, 아무리 많은 인수금액도 약속된 기한 내에 지급할 수 있었던 것이다. 이런 점에서도 투자은행의 참여는 인수합병의 성공을 위한 필수 요건이었다.

초창기 증권 인수 중심이던 투자은행의 역할은 이처럼 M&A 붐과 함께 기업 인수합병 분야에서도 확고히 자리를 잡아갔다. 이 분야가 새로운 수익원으로 각광받자, 1970년대 들어 투자은행들은 인수합병 관련 전문부서를 별도로 설치하기 시작했다. 아울러 투자은행이 담당하는 기업과 금융에 관한 자문의 폭도 훨씬 광범위해졌다. 적대적 인수합병에 맞서 경영권을 방어하는 일이나, 기업의 구조조정, 재무구조 개선 같은 일들에 대해서도 포괄적인 자문 서비스를 제공하게 되었다.

투자은행의 역할 III: 트레이딩 & 리서치

━━━━━━━━ 증권 발행이나 기업 자문에 관한 투자은행의 역할은 오늘날에도 그 중요성이 결코 줄어들지 않았다. 자금 마련을 목적으로 증권을 발행할 때면, 대다수 기업들은 어김없이 투자은행의 문을 두드린다. M&A나 기업 자문 관련 업무 역시 독립된 부서로 운영되면서 투자은행 수익에 크게 기여하고 있다. 하지만 현대 자본시장에서 발휘되는 투자은행의 역할과 기능은 이보다 훨씬 다양하다.

먼저 예로 들 수 있는 것은 트레이딩trading 업무다. 앞서 살펴본 것처럼, 투자은행은 증권 인수 업무를 통해 주식이나 채권의 '발행' 업무를 수행한다. 그러면서 이렇게 발행된 증권을 '전문적으로 사고파는' 트레이딩 업무를 수행하기도 한다. 이 같은 트레이딩 업무는 매매로 인한 손익이 누구에게 귀속되는지에 따라 크게 두 가지 유형으로 나뉜다.

먼저 투자은행은 고객의 대리인으로서 이들의 주문에 따라 증권거래를 수행한다. 투자은행이 증권 매매의 브로커로서 중개 기능brokerage을 수행하는 경우다. 이 방식의 거래에서는 고객이 증권 매매의 주체가 되며, 투자에 따른 책임(이익 또는 손실) 역시 고객이 부담한다. 투자은행은 거래를 중개한 대가로 일정한 수수료 수입을 얻을 뿐이다.

이와 달리 투자은행은 자신의 책임 하에, 자신의 재산으로 트레이딩에 나설 수도 있다. 수익성이 높을 것으로 예상되는 주식이나 채권에 투자하고 이를 통해 이익을 내기 위한 행위다. 브로커의 역할을 넘어, 투자은행 스스로가 증권 매매에 따른 손익의 귀속 주체proprietary trading가 되는 경우다. 이러한 업무는 투자은행의 막대한 자본력과 정보력, 전문적인 거래 능력과 합쳐져 투자은행의 주요 수익원 중 하나로 자리 잡고 있다(다만 과도한 투자와 그에 따른 손실은 투자은행에 상당한 위험 요인으로 작용하기도 한다).

직접적인 투자 활동은 아니지만, 금융시장에 대한 조사 분석 업무도 투자은행의 핵심 기능 중 하나다. 흔히 애널리스트analyst로 불리는 사람들이 조사 분석의 역할을 맡는다. 이들은 투자은행 내 리서치 팀에 소속돼, 거시경제는 물론 개별 산업과 기업에 대한 다양한 정보를 수집하고 분석한다. 이를 바탕으로 향후 경제 전망을 제시하고 투자자들의 판단에 도움을 주는 역할을 하는 것이다.

이들이 작성하는 보고서의 신뢰도나 정확성은 투자은행의

평판과도 직결된다. 이 때문에 투자은행은 독립적인 리서치 센터를 운영하고 유능한 애널리스트 영입에도 공을 들이고 있다.

이 밖에도 변화하는 환경에 발맞추어 투자은행의 역할은 날로 확대되어 가는 양상이다. 선물·옵션 같은 파생상품, 대규모 개발사업에 활용되는 프로젝트 금융project financing, 투자자를 위한 종합자산관리 서비스private banking 역시 투자은행을 통해 활성화된 대표적인 금융 기능들이다.

투자은행이 제공하는 서비스는 상업은행을 통해 누릴 수 있던 혜택과는 분명 차별화된다. 이 차이는 주식과 채권으로 대표되는 자본시장의 성장과 금융투자 시대를 불러온 주요 동력으로 작용했다. 투자은행이 없었다면, 우리가 경험하는 금융의 세계는 지금과는 다른 모습을 보일 것이다.

04 그들이 최고의 기부왕이 될 수 있었던 이유는?

기업공개

기업의 성장과 금융

━━━━━ 2015년 12월, 페이스북(2021년에 회사명을 메타플랫폼으로 변경했다) 창립자인 마크 저커버그는 자신이 가진 회사 지분의 99퍼센트를 사회에 기부한다고 발표했다. 갓 태어난 딸이 지금보다 더 나은 세상에서 자라기를 바란다는 메시지와 함께였다. 당시 만 31세 불과했던 그가 가진 지분 가치는 450억 달러 규모였다.

그보다 앞서 마이크로소프트를 창업했던 빌 게이츠 역시 비슷한 행보를 보였다. 세 명의 자녀들에게는 각각 1,000만 달러씩만 남겨주고, 나머지 재산은 사회에 환원하기로 한 것이다.

● 2012년 5월 페이스북, 나스닥에 상장하다

상장 이후 저커버그가 보유한 주식가치는 순식간에 130억 달러 이상으로 평가되었다.

출처 · wikimedia

2000년이 되자 그는 자신과 (전)부인의 이름의 따 빌 앤 멀린다 게이츠 재단Bill & Melinda Gates Foundation을 설립했다. 이 재단은 현재 500억 달러의 자산을 기반으로 전 세계에서 보건, 교육, 빈곤 퇴치 같은 다양한 공익 활동을 지원하고 있다.

이처럼 세계적인 기업의 설립자들은 어떻게 최고의 기부왕 까지 될 수 있었을까? 물론 이들의 탁월한 능력과 이타적인 세 계관이 없었다면 불가능한 일이었을 것이다. 하지만 금융의 관 점에서 본다면 기업공개Initial Public Offering: IPO 절차 역시, 이들이 최고의 기부왕이 되는 데 적지 않게 기여했다. 기업공개를 통해 자산가치가 가파르게 상승하고 기부금으로 쓰일 목돈도 마련할 수 있었기 때문이다.

회사가 설립되고 거대 기업으로 성장해가는 과정에서 자금에 대한 갈증은 끊일 날이 없다. 사무공간을 마련하고, 인력을 채용하고, 기술을 개발하는 거의 모든 활동에서 넉넉한 자금 확보는 필수적이다. 하지만 자금을 마련하는 방식은 회사 규모나 성장 단계별로 각각 다른 모습을 보인다.

설립 단계에서는 창업자 스스로 마련한 돈이나 가족 혹은 친구들로부터 빌린 돈으로 사업을 시작하는 것이 대부분이다. 애플, 페이스북 등 유명 기업의 창업주들도 예외가 아니다. 이 시기에는 스티브 잡스 같은 기업가조차 허름한 차고 안에서 미래를 구상할 수밖에 없다.

참신한 아이디어나 혁신적인 기술력이 있다면, 벤처캐피털로부터 투자를 받을 수도 있다. 창업자에게는 가뭄 속 단비 같은 기회다. 벤처투자자들은 잠재력이 풍부한 사업을 대상으로 기꺼이 위험을 감수하고 운영자금을 지원한다. 다만 위험 감수에 대한 보상책으로 이들에게 회사 주식이나 경영권을 일부 내주는 일이 흔하다.

회사 운영이 궤도에 오르면, 이때는 은행의 도움을 받기가 한결 수월해진다. 은행은 회사의 신용과 담보, 기술력 등을 종합해 회사의 상환 능력을 판단하고, 그 범위 내에서 대출을 지원해준다. 회사는 이 돈으로 부족한 자금을 충당하거나 새로운 투자를 위한 재원으로 활용하게 된다.

자본시장의 꽃, IPO

━━━━━━━ 하지만 회사가 커지고 대대적인 사업 확장이 필요한 시기가 되면, 이 방법도 한계에 다다른다. 이 시기에 필요한 자금은 지인에게서 빌린 돈이나 모험자본으로 감당하기에는 벅찬 수준이다. 회사의 신용과 담보 범위를 넘어 은행으로부터 무한정 대출을 받기도 여의치 않다. 이런 상황이라면 기존과는 다른 방안을 모색할 수밖에 없다. '자본시장의 꽃'으로 불리는 기업공개 절차를 활용하는 것이다.

기업공개란 회사의 재산과 경영 상황을 일반에 알리고, 공개적으로 다수의 투자자를 모집하는 절차를 말한다. 이때 대부분은 추가로 주식을 발행하고 새로운 투자자를 모집하는데, 이를 통해 회사는 거액의 투자금을 거머쥘 수 있다. 성장을 바라는 회사 입장에서는 도약을 위한 새 발판을 마련한 것으로 볼 수 있다.

기업공개 과정에서 필요한 일을 주도적으로 처리하는 것은 투자은행이다. 이때도 관건이 되는 것은 회사의 가치를 평가하고 주식가격을 결정하는 일이다. 이 과정에서 유입되는 투자금

규모에 따라 기업공개 절차의 성패가 갈린다고 해도 과언이 아니다. 투자은행은 회사의 보유 재산과 사업의 수익성, 성장 가능성 같은 다양한 요소들을 감안해 적정 가치를 평가해낸다.

기업공개에 관심이 있는 투자자들을 모집하고 이들에게 주식을 분배해주는 일도 투자은행의 몫이다. 특히 이 과정에서 작성하는 투자자 설명서prospectus는 투자를 이끌어내기 위한 핵심 문서에 해당한다. 투자자는 이 문서를 통해 회사의 현황과 가치를 파악하고 투자 의사를 결정하게 된다.

기업공개가 이루어지면 이제 주식은 증권시장을 통해 자유롭게 거래되기 시작한다. 회사의 가치는 시장에서 거래되는 주식의 가격으로 평가된다(보다 정확히 말하면 '1주당 가격×주식 수'로 산출되는 시가총액을 기준으로 한다). 투자자들의 인기를 한 몸에 받는 기업이라면 주가 역시 고공행진을 거듭하기 마련이다. 이와 더불어 창업주가 보유하고 있는 주식의 가치도 기하급수적으로 불어난다. 이것이 바로 최고의 기업가들이 최고의 기부왕에 오를 수 있는 실질적인 요인이기도 하다.

창업주라면 자신이 일군 회사가 증권시장에 화려하게 데뷔하는 것을 한번쯤 꿈꿔볼 것이다. 하지만 그러기 위해서는 증권거래소의 까다로운 심사를 통과해야만 한다. 부실기업의 주식이 자유롭게 거래되면 그로 인한 피해는 결국 투자자가 떠안아야 하기 때문이다. 이 때문에 증권거래소에서는 기업공개를

위한 엄격한 심사 기준을 마련해두고 있다. 아래 사항들은 기
업공개 여부를 결정할 때 고려하는 대표적인 기준들이다.

- 기업공개를 통해 다수의 투자자가 참여할 수 있는가?
- 투자자는 주식을 수월하게 거래할 수 있는가?
- 안정적인 경영을 위한 지배구조를 갖추고 있는가?
- 경영의 투명성은 확보되어 있는가?
- 기업이 거두는 이익은 적정 수준 이상인가?
- 기업의 재무 상황은 안정적인가?

기업공개의 득과 실

━━━━━━━━ 회사는 기업공개 절차를 통해 다양한 혜택을 누
릴 수 있다. 우선 기업공개에 필요한 까다로운 심사를 통과했
다는 점에서 회사의 평판이나 신뢰도가 상승하는 효과를 누릴
수 있다. 증권거래소에 상장되어 거래되는 회사라는 점에서 우
량하고 견실한 회사임을 공개적으로 인정받는 셈이다. 새로운
주주들을 통해 회사 성장을 위한 재원을 마련한다는 것은 두
말할 나위 없는 이점이다. 이들로부터 마련한 투자금은 정해진
시기에 갚아야 할 의무가 없고, 회사 운영을 위한 안정적인 기
초 자본을 구성한다. 창업주를 비롯한 기존 주주들은 기업공개

를 통해 그동안의 노력에 대한 결실을 거둘 수도 있다. 설립 초기부터 동고동락한 임직원들이라면, 기업공개와 동시에 백만장자가 되는 경우도 적지 않다.

하지만 기업공개에 이런 장점만 있는 것은 아니다. 기업공개와 함께 새로운 제약이나 부담이 따르기도 한다.

기업공개 이전에는 창업자를 비롯한 소수 인원이 비교적 자유롭게 회사를 운영할 수 있다. 하지만 기업공개 후 새로운 주주가 늘어나면 기존 주주들의 영향력은 약화될 수밖에 없다. 회사에 대한 지배력도 그만큼 줄어들기 마련이다. 또한 기업공개를 통해 투자자의 자금을 유치한 만큼 그에 따른 책임도 발생한다. 회사는 보다 투명하게 운영되어야 하며 투자자의 이익을 보호하기 위한 조치들을 마련해야 한다.

한편 기업공개 후에는 회사의 운영 상황을 정기적으로 외부에 공개할 의무도 따른다. 주주는 물론이고 언론과 감독당국의 견제에도 상시적으로 노출된다. 그에 따라 회사 역할에 대한 기대치도 점점 더 높아질 수밖에 없다. 이 때문에 일부 회사들은 기업공개를 하지 않은 채 계속해서 비상장회사로 남는 것을 선호하기도 한다.

이 같은 제약에도 불구하고 기업공개를 희망하는 회사들의 숫자는 계속해서 증가하는 추세다. 대부분의 회사가 주식회사 형태를 띠고 있는 요즘, 기업공개는 회사와 투자자를 연결해주는 훌륭한 가교 역할을 하고 있다. 더 나은 세상을 만들고 기부 문화에 앞장서는 멋진 분위기의 회사라면, 투자자들 역시 이들의 기업공개에 더 많은 관심을 갖게 될 것이다.

05 나도 엠파이어스테이트 빌딩의 주인이 될 수 있을까?

공동투자의 새로운 지평

1868년 3월, 영국의 사업가 필립 로즈Philip Rose는 〈더타임즈〉지에 색다른 광고 하나를 게재했다. '해외 및 식민지 정부 신탁The Foreign and Colonial Government Trust'이라는 제목의 금융 상품 광고였다. 미국, 인도 등 해외 정부가 발행하는 채권에 공동으로 투자할 사람을 모집한다는 내용이었다. 여태까지 볼 수 없었던, 세계 최초의 펀드상품 광고였다.

로즈가 제안한 방식은 이전의 투자 관행과는 사뭇 다른 것이었다. 광고를 통해 여러 사람들로부터 모은 돈을 펀드라는 기구를 통해 공동투자하는 방식이었다. 투자를 결정하고 실행하는 것은 투자자 개개인이 아닌 펀드 단위로 이루어졌다. 투자자는 투자 결과에 따른 최종 손익만을 부담했다. 투자를 위해 펀드라는 별도 수단을 활용했다는 점에서 간접적인 투자 방식에 해당하는 것이었다.

새로운 방식을 앞세운 로즈의 광고에 많은 사람이 관심을 보였다. 여러 귀족과 의회 의원들을 비롯해 장래 대법관이 된 인물까지 투자자 명단에 포함될 정도였다. 로즈가 성공을 거두자 유사한 펀드들도 잇따랐다. 이후 1930년대 무렵까지 영국에서 200여 개의 펀드가 출시될 만큼 펀드투자는 승승장구했다.

영국에서 선보인 펀드의 인기는 대서양 건너 미국으로까지 이어졌다. 두 국가 간 교류를 통해 전해진 것은 펀드 같은 금융 상품도 예외가 아니었다. 더욱이 제1차 세계대전 후 미국이 전 세계의 채권 국가로 발돋움한 것은 펀드시장의 새로운 촉매제였다. 이를 계기로 해외 채권투자를 목적으로 하는 다양한 펀드들이 속속 등장하기 시작했다. 1920년대 주식투자 붐이 일었을 때는 채권 외에 주식을 대상으로 하는 펀드도 활발히 조성되었다. 대공황 이전까지 미국 내에 약 600개의 펀드가 등장했을 정도였다고 하니, 그 인기는 영국을 능가하는 수준이었다.

이 시기 미국에서 조성된 펀드 가운데 단연 주목을 끄는 것은 매사추세츠 투자자 펀드Massachusetts Investors Trust였다. 1924년, 보스턴 지역의 부호들을 대상으로 만들어진 펀드였다. 이 펀드의 특색은 투자자가 원하면 언제라도 투자금을 회수할 수 있다는 것이었다. 이전의 펀드들이 약속된 투자 기간까지는 투자금을 회수할 수 없는 '폐쇄형' 방식이었다면, 이는 '개방형' 방식의 펀드였던 것이다.

개방형 펀드의 특성은 1930년대 대공황 시기에 여실히 드러났다. 당시 일반적 형태였던 폐쇄형 펀드 투자자들은 대공황이라는 전대미문의 재앙 앞에서 속수무책이었다. 폐쇄형이라는 특성상 약속된 투자 기간이 끝나야만 비로소 투자금을 회수할 수 있었기 때문이다. 펀드 자금으로 투자한 주식이 폭락하는 상황에서 이들은 불어나는 손실을 지켜볼 수밖에 없었다.

이에 반해 개방형 펀드 투자자들의 상황은 불행 중 다행이라 할 만했다. 이들은 투자 기간 중 언제라도 계약을 해지하고 투자금을 회수할 수 있었다. 대공황 시기, 주가 폭락에 따른 손실을 방지하는 데도 훨씬 유리했던 것이다. 이러한 특성에 터 잡아 원하는 시기에 투자금을 회수할 수 있는 개방형 방식의 펀드는 보다 일반적인 형태로 자리 잡게 되었다.

펀드투자의 원리와 차별점

━━━━━ 펀드시장은 금융 저변의 확대와 더불어 급성장을 거듭해오고 있다. 미국의 경우 1977년부터 1997년까지 펀드

자산 규모가 100배나 증가했을 정도다. 국내에서는 1990년대 후반 무렵 펀드투자가 활성화되기 시작했는데, 최근 들어 펀드투자 규모는 800조 원을 상회하고 있다. 많은 수의 투자자들 역시 주식이나 채권에 직접 투자하기보다 안전한 방식의 펀드투자로 눈을 돌리고 있는 실정이다. 그렇다면 펀드는 과연 무엇이고, 투자는 어떤 원리로 작동할까?

펀드란 투자자로부터 모은 돈을 공동으로 운용하고, 그에 따른 이익을 나눠주기 위한 투자의 한 수단이다. 펀드는 이전의 방식과는 구분되는 전혀 새로운 유형의 투자 수단이었다. 펀드가 나타나기 전까지, 투자란 개인 차원에서 행해지는 직접투자를 의미하는 것이었다. 투자 대상을 결정하고 이를 실행하는 주체는 어디까지나 투자자 자신이었다. 각자의 판단에 따라 은행에 예금을 맡기거나, 증권시장에서 주식이나 채권을 매입하는 것이 일반적인 투자 형태였다.

하지만 펀드를 통한 투자에서는 투자자가 이런 일들을 직접하지 않는다. 투자자는 투자금만 납입하고 실제 투자는 여러 단계를 거쳐 간접적인 방식으로 이루어진다.

펀드투자의 첫 번째 단계는 투자자들의 돈을 모으기 위한 별도의 기구, 즉 펀드를 설립하는 것에서 시작된다. 이러한 기구는 통상 투자회사 또는 투자신탁이라는 법적 형태를 빌려 만들어진다. 투자자들이 납입한 돈은 펀드를 통해 한곳으로 모이고, 이후로는 펀드 재산으로 묶여 관리된다.

두 번째 단계는 자산운용회사를 통해 펀드 재산을 공동으로 투자하는 단계다. 자산운용회사는 개별 투자자들을 대신해 투자 대상을 결정하고, 이들에게 최상의 수익을 안겨줄 수 있도록 투자를 실행한다. 자산운용회사 내부에서는 흔히 펀드매니저로 불리는 사람들이 이런 일들을 수행한다.

세 번째 단계는 펀드 재산의 운용 성과를 투자자에게 분배하는 단계다. 투자자는 펀드에서 발생한 이익을 자신의 투자 비율에 따라 나누어 갖는다. 이때 개별 투자자에게 돌아갈 수익은 결국 자산운용회사나 펀드매니저의 능력에 따라 좌우된다. 이 때문에 펀드투자에서는 자산운용사의 경험이나 실적, 신뢰도 같은 요소가 투자 결과에 큰 영향을 미치게 된다.

펀드투자의 대상은 투자자가 직접 투자를 하는 경우와 큰 차이가 없다. 펀드에서도 주식이나 채권 같은 금융상품이 대표적인 투자 대상으로 고려된다. 시장에서는 흔히 펀드상품을 주식형 펀드나 채권형 펀드로 부르는데, 이는 펀드의 주된 투자 대상이 무엇인지에 따른 분류로 보면 된다. 다만 펀드 재산을 운용한 결과 손실이 발생하더라도, 이는 자산운용회사가 아닌 투자자가 부담해야 한다. 투자에 따른 최종 책임을 투자자 스스로 감당하는 것은 직접투자이든 간접투자이든 마찬가지다.

오늘날 펀드투자의 장점 중 하나는 투자 과정에서 펀드매니

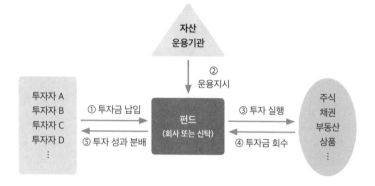

저 같은 전문 인력의 도움을 받는다는 점이다. 이들은 투자 경험과 지식이 부족한 사람들을 대신해 투자 대상을 발굴하고 투자를 실행한다. 거시경제와 산업, 개별 기업을 분석하여 적합한 투자처를 찾는 것이 이들의 주 업무다. 투자 방식에서도 단순히 주식이나 채권을 사고파는 데 그치지 않는다. 이들은 차입금을 활용한 레버리지투자나 파생상품 같은 첨단 금융기법을 활용해 운용수익을 극대화하고자 한다.

분산투자를 하여 위험을 관리하는 것 역시 펀드투자가 지닌 매력이다. '계란을 한 바구니에 담지 마라'라는 유명한 투자 격언에 부합하는 방식이다. 펀드는 투자자들로부터 모은 자금을 특정한 한두 종목에만 투자하지 않는다. 여러 종류의 주식은 물론 채권이나 파생상품 등 복수의 자산을 대상으로 투자를 실행한다. 따라서 어느 한 종목에서 손실이 발생하더라도 다른 종목에서 발생한 수익을 통해 전체적으로 위험을 관리할 수 있다.

단독 투자자가 상상하기 어려운 대규모 투자도 펀드를 통해서라면 가능하다. 엠파이어스테이트 빌딩 같은 초고층 빌딩을 예로 들어보자. 이 같은 고가의 빌딩은 자금력이 풍부한 전문 투자기관이나 금융회사들도 단독으로 투자하기가 쉽지 않다. 하지만 펀드를 통해 복수의 투자자를 모집한다면 자금 마련은 훨씬 용이해진다. 펀드를 통해 불가능해 보이는 투자도 성사시킬 수 있다. 투자자 입장에서는, 투자한 비율만큼 초고층 빌딩의 주인이 되는 것과 동일한 효과를 누릴 수도 있다.

그러나 펀드투자가 늘 안정적인 수익을 보장해주는 것은 아니다. 펀드매니저 역시 인간인 이상, 투자 예측이 빗나가는 경우는 늘 존재하기 마련이다. 금융위기나 경기 침체 같은 상황 앞에서는 펀드도 손실을 피해가기 쉽지 않다.

펀드투자의 미래

━━━━━ 앞으로 펀드투자의 모습은 어떻게 변화할까? 영국이나 미국의 사례에서 보듯, 초창기 펀드는 국가가 발행하는 채권을 주된 투자 대상으로 삼았다. 이후 기업 활동이 활발해지면서 회사가 발행하는 주식이나 회사채도 펀드의 주요 투자 대상이 되었다. 오늘날에도 이런 증권들이 펀드의 주요 투자

대상인 점은 변함이 없지만, 그 대상은 과거에 비해 훨씬 다양해지고 있다.

부동산real estate을 주요 투자 대상으로 하는 펀드나 금·석유처럼 투자성 있는 상품commodity을 대상으로 하는 펀드 같은 것들이 대표적이다. 선박이나 항공기처럼 대규모 구매자금이 필요한 사업에서도 펀드는 유용한 금융 수단으로 활용되고 있다.

이외에도 경제적으로 가치를 평가할 수 있고 수익 창출이 가능하다면 펀드투자의 대상으로 제한이 없다. 와인 애호가라면 와인 펀드에, 유명 연예인에 관심이 있다면 이들이 기획하는 공연 펀드에 투자자로 참여하는 것도 고려해볼 만하다. 청정한 공기나 깨끗한 물을 투자 대상으로 하는 펀드도 머지않아 활성화될 것이다.

최근에는 펀드 운용 방식에서도 변화의 바람이 불고 있다. 인간 펀드매니저를 대신해 AI 펀드가 투자를 수행하는 일이 부쩍 늘고 있기 때문이다. 아직까지는 AI 펀드의 수익률이 월등히 높은 편은 아니지만 앞으로는 인간 펀드매니저를 완전히 대체할지도 모른다.

펀드라는 투자 방식도 새롭지만 요즘은 펀드의 투자 대상과 운용 방식 역시 나날이 새로워지고 있다. 앞으로 주목받을 펀드 투자의 대상은 무엇일지, AI가 운용하는 펀드의 성과는 어떠할지 그 결과가 자못 궁금해진다.

06 한계기업의 구원투수 vs 기업사냥꾼

PEF

투자 세계의 낯선 이름, 사모펀드

━━━━━━ 2003년 8월, 국내 투자자들은 어느 낯선 외국계 금융회사에 관심이 쏠려 있었다. 텍사스주의 별칭을 사명으로 내건 미국계 사모펀드 '론스타Lone Star'였다. IMF 이후 경영 위기를 겪고 있던 (구)외환은행의 새 주인이 론스타로 변경된 시점이었다. 론스타는 외환은행의 새 주인이 되기 위해 주식 51퍼센트를 취득하고, 1조 3,800억 원의 대금을 지불한 상태였다.

하지만 이후 론스타가 보인 행보는 일반적인 경영자의 모습과는 배치되는 것이었다. 인수 후 불과 4년 만에 외환은행을 다른 회사에 매각하려 했기 때문이다. 매각 과정에 여러 우여곡절

이 있었지만, 결국 론스타는 2012년 1월 보유 지분 전량의 매각을 마무리했다. 매각대금 3조 9,000억 원과 그동안의 배당금을 감안하면, 이 거래를 통해서만 4조 7,000억 원가량의 이익을 남겼다. 헐값에 사들인 은행을 단기간 내에 비싼 값으로 되파는 이들의 행태를 두고, 국내에서는 거센 비난이 일기도 했다.

이런 모습은 지분을 확보하고 계속해서 경영권을 행사하려는 일반적인 대주주의 행보와는 확연히 다르다. 오히려 회사를 단기적인 투자 대상으로 보는 경향이 강하다고 할 수 있다. 그렇다면 이처럼 어렵사리 취득한 회사를 왜 단기간 내에 다시 팔려고 했을까? 론스타가 사모펀드라는 점을 감안하면, 당시에는 낯설었던 이들의 행보도 조금이나마 이해할 수 있다.

흔히 사모펀드로 불리는 PEF^{Private Equity Fund}는 넓게는 투자자들의 자금을 공동 운용하기 위한 투자 수단의 일종이다. 전문가를 통해 간접적으로 투자 재산을 운용한다는 점에서는 일반 펀드와 다르지 않다. 그렇지만 'private(사모)'과 'equity(지분)'라는 용어에서 드러나는 것처럼, 일반 펀드와 구분되는 고유한 특성도 지니고 있다.

PEF와 일반 펀드가 구별되는 가장 큰 차이점은 자금의 모집 방식이다. 일반적인 펀드는 공개적으로 다수의 투자자를 모집하는 공모^{public offering} 방식으로 자금을 모집한다. 자산이나 거래 경험 등 투자자 자격에 별다른 제한이 없으며, 불특정 다수의 참여가 가능하다. 이에 반해 PEF는 자금력이 풍부하거나 전문적인 투자 경험을 갖춘 소수의 투자자만을 비공개적으로 모집한다. 이런 방식을 '사모private placement'라고 한다. 일반 펀드에 적용되는 법적 규제를 피할 수 있고 보다 자유롭게 자산을 운용할 수 있다는 점에서 전문적인 투자자들이 선호하는 방식이다.

또 다른 차이점은 투자 대상이다. 일반 펀드는 증권이나 상품, 부동산 등 다양한 대상에 투자하여 수익을 내는 것이 목표다. 하지만 PEF는 그중에서도 주식으로 대표되는 지분투자equity investment를 주된 대상으로 한다. 이런 방식으로 회사 경영에 참여하거나, 사업구조 개편 후 매각을 통해 투자 이익을 얻는 것이 PEF의 주목적이다.

PEF의 시작, 바이아웃 펀드

━━━━ PEF와 유사한 투자 방식이 첫선을 보인 것은 1950년대 중반 미국에서였다. 당시 소수의 부호들 위주로 공동투자를 위한 클럽을 결성했던 것이 PEF 투자의 원형이었다. 공동의 자금과 정보를 바탕으로 우량한 비상장회사의 주식을 대량 매입하는 것이 이들의 주된 투자 기법이었다. 유망한 신생기업이라면 초기 단계에서 공동 주주로 참여하는 일도 흔했다. 향후 기업가치가 상승했을 때 주식을 매각하게 되면 투자자들

은 공동으로 큰 이익을 거둘 수 있었다.

민간 투자 모임을 넘어 투자회사 형태의 PEF가 설립된 것은 1960년대 후반 무렵이었다. 워버그 핀커스Warburg Pincus라는 사모펀드 운용회사private equity firm가 그 시초였다. 자금을 모집하는 방식과 투자 대상을 고려해 사모 지분투자private equity라는 용어가 쓰이기 시작한 것도 이즈음부터다. 초기 PEF는 회사 지분을 사들여 경영권을 취득한 다음 이를 매각하는 방식으로 주로 운용되었다. 이 때문에 흔히 바이아웃 펀드buy-out fund 혹은 기업인수 펀드로 불리기도 했다.

1980년대는 미국 기업들의 경영 악화 및 구조조정과 맞물려 PEF투자가 급성장한 시기다. 다만 이 시기 PEF투자는 기업의 회생이나 가치 제고보다는 투자자들의 단기 이익 실현에 더 치중하는 모습이었다. PEF투자로 얻은 경영권을 바탕으로, 인수한 기업의 알짜 재산들을 서슴없이 매각했던 것이다. 이를 통해 확보한 현금은 고스란히 투자자들의 수익으로 돌아갔다. 사모펀드가 한때 기업사냥꾼corporate raiders과 같은 명예롭지 못한 이름을 얻게 된 것도 이러한 투자 행태에 기인한다.

1980년대 PEF 투자의 또 다른 특징은 차입매수leveraged buyout: LBO라 불리는 기법이 널리 활용되었다는 점이다. 투자자의 자금에 외부에서 빌린 돈까지 더해 투자에 나서는 방식이었다. 기존 바이아웃 펀드에 비해 다분히 공격적인 투자 방식이다. 이런 투자 기법은 기업 인수합병시장과 PEF투자의 폭발적인 성장세를 불러온 주요 원인이기도 했다. 차입매수를 통해 적은 투자금만으로도 대규모 회사를 인수하는 것이 가능했기 때문이다.

차입매수 기법을 PEF투자에 적극 활용하기 시작한 것은 콜버그크래비스로버츠KKR라는 사모펀드 운용회사였다. 창립자인 콜버그Kohlberg, 크래비스Kravis, 로버츠Roberts 세 사람의 이름 앞 글자를 따 1976년에 만든 회사였다. 이들은 LBO 방식의 기업 인수를 잇따라 성공시키면서 PEF투자를 세간에 널리 알린 장본인이기도 하다. 그중에서도 단연 대표적인 것은 1989년 제과회사 나비스코Nabisco(오레오 쿠키와 리츠 크래커 제조사로 유명하다)를 인수한 거래였다. 총 250억 달러의 인수대금 중 KKR이 직접 마련한 투자금은 15억 달러에 지나지 않았다. 나머지는 차입금을 비롯한 외부 자금으로 충당했는데, 불과 10퍼센트도 되지 않는 자금으로 공룡과도 같은 대기업을 인수한 것이다.

적은 자본으로 큰 이익을 낼 수 있는 PEF가 주목을 끌자 경쟁 사업자들의 참여도 이어졌다. 세부적인 투자전략이나 운용대상에는 일부 차이가 있었지만, 1980~1990년대에 사모펀드 운용회사들은 우후죽순 늘어갔다. 국제금융시장의 큰손으로 인정받는 블랙스톤Blackstone이나 칼라일Carlyle 같은 기관들 역시 이 시기 설립된 대표적인 사모펀드 운용회사다.

바이아웃 펀드는 어떻게 운용되는가?

━━━━━━━━━ 초기 PEF의 주된 형태였던 바이아웃 펀드에서는 구체적으로 어떻게 투자가 이루어질까? 그 절차는 크게 자금 모집 → 투자 실행 → 기업가치 제고 → 지분 매각 & 투자금 회수의 4단계로 구분할 수 있다.

자금 모집

사모펀드 운용회사는 투자 목적에 따라 다양한 PEF를 설립하고 비공개적으로 투자자를 모집한다. 이때 만들어지는 PEF는 투자를 목적으로 설립된 독립적인 회사에 해당한다. 투자자는 PEF에 투자금을 납입하고, KKR 같은 회사들이 이 자금을 운용하게 된다(흔히 PEF에 자금을 납입하는 투자자를 가리켜 '유한책임사원Limited Partner: LP', PEF의 자산을 운용하는 회사를 가리켜 '무한책임사원 General Partner: GP'으로 부른다). 다만 PEF 같은 사모펀드에서는 투자자 자격에 일정한 제한이 따른다. 투자 규모가 크고 일정 기간 자금 인출이 제약될 수 있는 위험 요인을 감안해서다. 이 때문에 PEF 투자자들은 금융회사나 연기금, 고액 자산가 같은 소수의 전문적인 투자자로만 구성되는 것이 일반적이다.

투자 실행

PEF 설정 후 대상 기업target company을 물색하고 투자를 실행하는 것은 사모펀드 운용회사^{GP}의 판단에 따른다. 주요 투자 대상은 실제 가치에 비해 저평가되어 있거나 재무상태가 악화된 기업들이다. 바이아웃 펀드는 일정 기간이나마 경영권 행사를 목적으로 하므로, 주식 등을 통해 대상 기업의 지분을 확보하는 형태로 투자한다. 이때 투자 규모를 늘리고 수익을 극대화하는 방안으로 주로 활용되는 것이 차입매수 기법이다.

기업가치 제고

PEF를 통해 기업을 인수한 후에는 기업가치를 높이기 위한 일련의 조치들이 이루어진다. 수익성이 낮은 사업을 정리하고 인력을 조정하는 것이 대표적이다. 필요에 따라서는 자산 매각 등을 통해 재무 상황을 개선하기도 한다. 이런 조치 외에 보다 적극적인 방안을 고려할 수도 있다. 효율적인 경영을 위해 사업구조를 개편하고 향후 전망이 우수한 분야에 추가로 투자하기도 한다. PEF는 투자 과정에서 확보한 지분을 바탕으로 이와 같은 일련의 과정을 진두지휘한다.

지분 매각 & 투자금 회수

기업가치 제고를 위한 작업이 마무리되면 PEF는 최종 단계인 투자금 회수^{Exit} 절차에 들어간다. 투자금 회수에 활용되는 방안은 다양하다. 대상 기업의 새로운 주인이 될 자를 상대로 지분

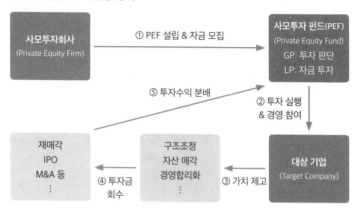

● 바이아웃 펀드의 운용 방식

사모투자회사 (Private Equity Firm)

① PEF 설립 & 자금 모집 →

사모투자 펀드(PEF) (Private Equity Fund) GP: 투자 판단 LP: 자금 투자

⑤ 투자수익 분배

② 투자 실행 & 경영 참여

재매각 IPO M&A 등 ⋮

④ 투자금 회수

구조조정 자산 매각 경영합리화 ⋮

③ 가치 제고

대상 기업 (Target Company)

을 매각resale하거나, 기업공개IPO 절차를 거쳐 증권시장에서 보유 지분을 처분할 수 있다. 다른 회사와 M&A를 추진하거나 기존 대주주에게 보유 지분을 되파는 방안도 활용할 수 있다.

투자금이 회수되면 그 수익금은 참여 비율에 따라 투자자LP에게 분배된다. 물론 PEF투자로 손실이 발생했다면 그에 따른 책임 역시 투자자의 몫이다. 투자에 따른 이익이나 손실에 대해 투자자가 최종 책임을 지는 것은 여느 투자 수단과 마찬가지다.

다변화되는 PEF투자

━━━━━ PEF의 기본적인 속성은 초과수익을 얻기 위한 금융투자의 한 수단이다. PEF투자 초기 대부분을 차지했던 바

이아웃 펀드 역시 이러한 목적에서 만들어진 것이었다. 하지만 최근에 들어서는 PEF를 활용한 투자 대상이 과거보다 훨씬 다채로운 모습을 보이고 있다.

우선 예로 들 수 있는 것은 벤처캐피털 펀드venture capital fund다. 스타트업 기업과 같이 다소 위험하지만 성장 가능성이 높은 회사들을 주요 투자 대상으로 하는 펀드다. 이런 유형의 사모펀드는 사업 초기 단계에 있는 회사의 주식을 취득하는 형태로 투자를 실행한다. 펀드를 통해 마련된 자금으로 사업이 본궤도에 오르면, 기업공개나 주식 매각을 통해 이익금을 회수하는 것이 일반적이다.

부실기업이 발행한 증권을 주된 투자 대상으로 삼는 펀드도 있다. 썩은 고기를 처리하는 대머리 독수리의 특성에 빗대어, 흔히 벌처 펀드vulture fund로 불리는 것들이다. 파산 위기에 놓인 회사가 발행한 주식이나 채권은 부실증권으로 분류되어 헐값에 거래되기 마련이다. 벌처 펀드는 이런 증권들을 싸게 사들여 초과 이익을 얻는 것이 목적이다. 부실기업의 자산이 비싸게 팔리거나 경영 상태가 호전될 경우, 증권을 매입한 가격 이상으로 투자금을 회수할 수 있다.

이외에도 사무용 빌딩이나 호텔처럼 부동산을 투자 대상으로 하는 사모펀드도 널리 활용된다. 이 유형의 펀드에서는 부동산 매입 후 발생하는 임대수익이나 지가 상승분이 투자자들의 주요 수익원이 된다. 또한 바이아웃 펀드와 마찬가지로, 투자금 외에 외부 차입금을 활용하는 비중도 높은 편이다.

이와 같은 사모펀드들 역시 소수의 전문적인 투자자만을 대상으로 한다거나, 법적 규제로부터 비교적 자유로운 점은 동일하다. 이로 인해 보다 자율적이고 공격적인 투자 활동이 가능할 수 있음은 물론이다. 하지만 이와 더불어 소홀히 할 수 없는 것은 투자자에 대한 보호 문제다. 투자자에 대한 정보 제공이나 보호 의무 수준이 일반 펀드에 비해 경감되는 만큼, 투자자 입장에서는 보다 각별한 주의가 필요하다.

한계 기업에 도움을 주고 기업가치를 제고하는 것은 PEF투자가 지닌 고유의 순기능이다. PEF투자 대상이 확대됨에 따라 투자자들의 다양한 수요를 만족시켜준다는 점도 무시할 수 없는 장점이다.

하지만 PEF투자가 단기적인 수익 창출에만 급급하는 한, 기업사냥꾼 같은 과거의 오명에서 벗어나기는 힘들 것이다. 낯선 투자자들에 대한 반감 역시 이러한 이유에서 기인하는 것이 아닐까?

07 베일에 가려진 금융의 마법사들

헤지펀드

노벨상 수상자의 빗나간 수익 예측

━━━━━━ 1994년 2월, 월스트리트의 일류 채권 트레이더 존 메리웨더John Meriwether는 롱텀캐피털매니지먼트Long-Term Capital Management: LTCM라는 헤지펀드를 설립했다. 펀드계의 롤스로이스로 불릴 만큼 구성원들의 면면은 화려했다. (전)연방준비제도 부의장과 당대 최고의 트레이더들을 비롯해, 1997년 옵션option 상품의 가격결정이론으로 노벨경제학상을 수상한 마이런 숄즈Myron Scholes와 로버트 머튼Robert Merton도 펀드에 합류했다.

LTCM은 설립과 동시에 대형 은행을 비롯한 거물 투자자들 사이에서 선풍적인 인기를 끌었다. 1,000만 달러에 이르는 최소 투자금 요건은 이들에게 아무런 장애가 되지 못했다. LTCM은 설립 첫해 투자자들로부터 12.5억 달러를 모아 28퍼센트의 운용수익률을 기록했다. 1995년과 1996년에도 각각 40퍼센트가 넘는 경이적인 수익률을 달성했다. 이러한 성과를 바탕으로 1997년 8월 LTCM의 자본금 규모는 67억 달러로 불어나 있었다.

LTCM의 투자 원리는 비교적 간단했다. 미국 등 선진국이 발행한 채권을 빌려 이를 매각한 돈으로 고율의 이자를 지급하는 신흥 개발국들의 채권을 사들이는 방식이었다. 이들의 판단에 따르면, 당시 러시아를 비롯한 신흥 개발국들의 국채는 외환위기 탓에 정상 수준 이하로 가격이 떨어진 상태였다. 반대로 상대적으로 보다 안전한 미국 등의 국채는 정상 수준보다 높은 가격에 거래되는 상황이었다.

따라서 앞으로 국채가격이 정상 수준으로 돌아가면 큰 이익이 날 것이 분명해 보였다. 싼 가격에 매입해둔 러시아 국채는 가격이 정상화될 경우 보다 높은 가격으로 거래될 것이 확실했다. 비싼 가격으로 내다 팔았던 미국 국채는 보다 저렴한 가격으로 매입해 상환할 수 있었다. 두 가지 유형의 채권거래 모두를 통해 이익을 기대할 수 있었다. 비효율적인 시장 상황에서 상품 간 가격 차이를 통해 수익을 얻는, 이른바 차익거래arbitrage trading 기법을 활용한 것이었다.

LTCM의 수익 창출 방안은 안정적으로 보였지만, 이들에게 중요한 것은 절대적인 수익 규모였다. 더 많은 이익을 내기 위해서는 더 많은 자금을 투입해야 했다. 이를 위해 외부 자금을 빌려 투자 규모를 확대하는 레버리지 기법도 활용했다. LTCM은 거래 과정에서 취득한 채권을 재차 담보로 제공하는 방식을 통해 총 1,300억 달러에 이르는 돈을 빌렸다. 자기자본의 20여 배에 달하는 금액이 투자를 위해 동원된 것이었다.

외부에서 빌린 돈으로 대규모 투자를 실행하는 전략이 혹시나 위험하지는 않았을까? LTCM이 마련한 정교한 수학적 원리와 위험관리 방안에 따르면 그럴 위험은 전혀 없어 보였다. 시장 상황이 극단적으로 변동하더라도, 계산상 이들이 망할 확률은 10^{24}분의 1, 거의 제로에 가까운 수준이었다.

하지만 노벨상 수상자의 번뜩이던 예측 모델도 예상하지 못했던 변수 앞에서는 무용지물이었다. 1998년 8월, 계속된 경제 위기로 인해 러시아 정부가 모라토리엄moratorium을 선언한 것이다. 지불 중단 조치가 이루어지자, LTCM이 보유하고 있던 러시아 국채는 저평가 수준을 넘어 폭락 지경에 놓였다. 반대로 안전자산으로 여겨지는 미국 국채가격이 상승해 이들이 상환해야 할 금액은 대폭 증가했다. 이 때문에 LTCM이 8월 21일 하루에 입은 손실만도 5억 5,000만 달러에 달했다. LTCM의 예측 모델에서는 전혀 고려되지 못한 상황이었다. 손실 확대가 이어지자 LTCM은 자기자본의 20배에 달했던 차입금 상환에도 어려움을 겪었다. 결국 LTCM은 1998년 9월, 연방준비제도와 월스트리트의 은행들이 마련한 구제금융으로 급한 불을 끄고, 펀드 운용 권한 일체를 포기했다. 화려했던 LTCM의 명성은 최종적으로 46억 달러의 손실과 함께 청산으로 종결되고 말았다.

헤지펀드의 탄생
: 알프레드 윈슬로의 새로운 투자전략

━━━━━━━━ 헤지펀드가 대중에 널리 알려진 계기는 1990년대 초반, 조지 소로스^{George Soros}의 영국 파운드화 공격 사건 때문이었다. 헤지펀드계의 대부로도 유명한 그는 1992년 9월, 파운드화의 가치 하락을 예상하고 대량으로 이를 매도했다. 파운드화를 빌려 시장에 매각하고, 파운드화 가치가 떨어졌을 때 싼값에 되사서 돌려주는 공매도를 활용한 것이었다. 예상대로 파운드화 가치가 20퍼센트가량 하락하자, 그가 운용하던 헤지펀드는 불과 2주일 사이 10억 달러의 이익을 얻은 것으로 유명하다.

● 헤지펀드계의 대부 조지 소로스

출처 · World Economic Forum, wikimedia

하지만 헤지펀드의 본래 개념은 이와 같은 공격적인 방식의 투자와는 거리가 먼 것이었다. 1949년 헤지펀드를 창안한 알프레드 윈슬로Alfred Winslow는 자신이 운용하는 펀드의 특성을 '리스크 헤지드펀드Risk Hedged Fund'로 설명했다. '헤지Hedge'는 사전적 의미로 '울타리' 또는 위험에 대한 '대비책'을 이르는 말이다. 이러한 의미에 비춰 보면, 최초의 헤지펀드는 위험을 효과적으로 관리하는 투자 수단에 가까운 것이었다.

당시로서는 전혀 새로운 투자 기법을 선보인 알프레드 윈슬로는 본래 투자와는 무관한 사람이었다. 〈포춘Fortune〉지에 칼럼을 기재하고 컬럼비아대학에서 사회학을 강의하는 언론인이자 학자였다. 하지만 이런 활동만으로는 뉴욕에서의 여유로운 생활을 보장받기 어려웠다. 이 때문에 사업가로 변신해 잡지사 설립을 꿈꾸기도 했지만 투자자 모집 단계에서 벽에 부딪혔다. 이후 그는 펀드를 설립해 직접 투자 활동에 나서는 쪽으로 눈을 돌렸다. 지인들로부터 모은 6만 달러와 자기 돈 4만 달러를 합친 10만 달러가 투자를 위한 씨드머니였다.

투자에 나선 윈슬로는 새로운 운용전략을 고심했다. 기존의 관행적인 투자 방식에 대해서는 회의적인 시각을 갖고 있던 탓이다. 그는 활황기에 돈을 벌고 침체기에 손실을 감수하는 전통적인 투자 방식은 도박이나 다름없다고 생각했다. 그에게는 시장의 움직임과 관계없이 언제든 안정적인 수익을 낼 수

있는 투자 방안이 필요했다. 이것이 바로 헤지드펀드Hedged Fund
의 출발점이었다.

이를 위해 윈슬로는 자신이 운용하는 펀드에 매입전략과 매
도전략을 동시에 구사했다. 저평가된 주식을 매입하되 고평가
된 주식은 공매도를 통해 미리 매도하는 것이었다. 동시에 지
나치지 않을 정도의 레버리지전략도 함께 구사했다. 펀드 재산
을 담보로 자금을 빌려 투자 규모를 확대했던 것이다. 이와 같
은 투자전략을 구사해 20년간 펀드를 운용한 결과는 놀라웠다.
누적 수익률이 4,800퍼센트에 달한 것이다. 하지만 당시까지만
하더라도 그의 이름과 투자 스타일은 여전히 베일에 가려져 있
었다. 1966년, 그가 이룬 투자성과가 〈포춘〉지를 통해 알려지자
비슷한 패턴을 따르는 펀드들이 잇따라 생겨났다. 그가 마련한
투자전략이 헤지펀드 운용의 기본 원리로 활용되었음은 물론
이다.

헤지펀드의 운용전략: 롱숏, 공매도, 레버리지

━━━━━━━ 헤지펀드는 소수의 투자자로부터 모은 자금을
공동으로 운용한다는 점에서 사모펀드의 한 유형에 해당한다.
하지만 앞서 보았던 바이아웃 펀드와 달리 대상 기업에 대한
경영권 행사를 주목적으로 하지 않는다. 그보다는 상승장이나

하락장 같은 시장 상황에 관계없이 절대적인 수익을 추구하는 것을 목표로 한다. 롱숏 전략, 공매도, 레버리지 같은 투자 기법들은 이때 활용되는 헤지펀드의 주요한 특징들이다.

금융시장에 참여하는 투자자들의 일반적인 전략은 롱전략 long strategy(매수전략)이다. 가치 상승이 예상되는 주식 같은 투자 대상을 사두고 가격이 오를 때까지 기다리는 전략이다. 예상했던 대로 가격이 오른다면 수익을 낼 수 있지만, 그 반대의 경우에는 손실이 불가피하다. 하지만 헤지펀드는 롱전략과 함께 숏전략short strategy(매도전략)을 동시에 구사한다. 가치 상승이 예상되는 종목은 매수를 통해, 가치 하락이 예상되는 종목은 매도를 통해 손실을 피하고 추가 이득을 얻고자 한다. 주식시장에서는 흔히 저평가된 주식을 매입하고 고평가된 주식을 매도하는 방식으로 이루어진다.

이처럼 숏(매도)전략을 실행할 때 주로 쓰이는 것이 공매도 short selling다. 주식 같은 금융자산을 보유하고 있지 않더라도 투자은행 같은 제3자로부터 주식을 빌려 시장에 파는 방식이다. 헤지펀드는 빌려서 판 주식의 가격이 하락하면 이를 싼 가격에 매입해 빌린 기관에 되갚으면 된다. 이때 헤지펀드는 공매도한 주식을 내다 판 가격과 이후 매입한 가격의 차액만큼 추가 수익을 올릴 수 있다(예컨대 A주식을 빌려 1만 원에 판 후 주식가격이 8,000원으로 하락했다고 가정해보자. 이 경우 헤지펀드는 8,000원에 A주식을 사서 빌렸던 기관에 되돌려주면 되므로, 공매도를 통해 주당 2,000원의 이익을 얻게 된다).

하지만 공매도전략이 빗나갔을 때에는 헤지펀드 역시 손실을 감수해야 한다. 예상과 달리 주가가 상승하면 빌릴 때의 가격보다 높은 가격으로 주식을 사서 되갚아야 하기 때문이다. 이 같은 위험요소를 일부 안고 있긴 하지만, 헤지펀드는 공매도를 통해 롱숏 전략을 보다 효과적으로 구사할 수 있게 된다.

수익률 향상을 위해 헤지펀드가 사용하는 궁극의 수단은 차입금을 통한 레버리지투자다. 헤지펀드는 보유자산을 담보로 빌린 돈이나 자산의 매각대금으로 새로운 금융자산을 취득할 수 있다. 또한 이렇게 취득한 자산을 담보로 추가로 돈을 빌리고, 새로운 투자를 반복해서 실행할 수 있다. 이런 과정을 되풀이하면, 헤지펀드는 자기자본의 수십 배에 달하는 자금도 빌려서 운용할 수 있게 된다.

예를 들어 투자수익률을 연 5퍼센트로 가정하고, 초기 투자금 10억 원 규모의 헤지펀드를 운용한다고 해보자. 이 경우 헤지펀드가 거두는 이익은 투자금의 5퍼센트에 해당하는 5,000만 원이 된다. 차입금을 통해 투자 규모를 10배로 늘린다면 그 결과는 어떨까? 이때에는 총 투자금 100억 원의 5퍼센트에 해당하는 5억 원이 수익으로 발생한다. 결과적으로 레버리지 효과를 통해 일반적인 투자 대비 10배 수준의 이익을 거둔 것이다.

일부 헤지펀드들이 시장 수익률을 훨씬 웃도는 성과를 낼 수 있는 것도 이런 원리에 기초한다.

헤지펀드의 마법은 언제나 통할까?

━━━━━━ 윈슬로가 선보였던 투자 방식은 헤지펀드 운용의 교본과도 같았다. 상승장에서는 숏(매도)전략으로 인해 일부 손실이 날 수 있지만, 롱(매입)전략에서 발생한 이익으로 이를 상쇄할 수 있었다. 하락장에서도 두드러진 성과를 보이기는 마찬가지였다. 이때는 롱(매입)전략에서 발생한 손실을 숏(매도)전략을 통해 만회할 수 있었다. 투자 과정에서 활용된 공매도나 레버리지 효과 역시 유례없는 성과를 올리게 해준 일등공신이었다. 이런 투자 기법들을 활용해, 시장 상황이 어떻게 변화하든 절대적이고 안정적인 수익을 얻는 것이 헤지펀드가 추구하는 기본 전략이라 할 수 있다.

다만 이 같은 헤지펀드의 운용전략이 시장에서 언제나 통하는 것은 아니다. 헤지펀드의 운용 성과도 기본적으로는 적합한 투자 대상을 찾고, 매입/매도 비율을 정하는 운용자의 판단에 따라 좌우된다. 레버리지로 인해 높은 수익률을 기록할 수도 있지만, 반대로 손실 규모가 더 커질 수도 있다. 제어하기 힘든 경제 상황의 변동 앞에서는 헤지펀드도 무력해지기는 마찬가

● 요트 위 세 명의 헤지펀드매니저

헤지펀드의 속성을 풍자한 카툰
출처 · wikimedia

지다.

파운드화 투자로 엄청난 수익을 올렸던 조지 소로스 역시 1994년의 엔화 투자에서는 정반대의 결과를 받아들여야 했다. 가치 하락을 예상하고 대량 매도했던 엔화 가치가 그의 생각과 정반대로 움직였기 때문이다. 엔화 가치가 사상 최고치까지 치솟자 이번에는 6억 달러의 손실을 감내해야 했다. 1998년 러시아의 모라토리엄 선언이나, 2002년의 IT 버블 같은 이변 앞에서도 예외가 아니었다. 헤지펀드계의 대부, 투자의 귀재라는 별칭을 무색하게 할 만한 사건이었다.

위험관리보다 초과수익 달성을 주목적으로 하는 헤지펀드라면 반드시 되새겨봐야 할 대목이다. 특히나 파생상품 같이 위험성이 높은 상품에 투자하거나 과도한 레버리지를 활용한다면, 그 위험은 배가될 수밖에 없다. 그로 인한 손실은 투자자는 물론, LTCM의 사례에서처럼 금융 시스템 전체가 손실을 분담해야 할 수도 있다.

08 예술을 바라보는 새로운 관점

대체투자

투자자는 <알제의 여인들>을 어떻게 바라볼까?

━━━━━━ 2015년 5월 11일, 뉴욕 크리스티 경매장에서는 입체파 미술의 거장 피카소의 작품을 놓고 치열한 낙찰 경쟁이 벌어지고 있었다. 대상 작품은 〈알제의 여인들〉이었다. 피카소가 흠모하던 낭만주의 화가 외젠 들라크루아(1798~1863)의 작품을 자신만의 방식으로 재해석해 그린 것이었다. 11분간 이어진 치열한 경합 끝에, 피카소의 작품은 1억 7,936만 5,000달러의 가격에 낙찰되었다. 미술품 경매 사상 최고가를 갱신하는 금액이었다(이 기록은 2017년 레오나르도 다빈치 작 〈구세주Salvator Mundi〉가 4억 5,030만 달러에 낙찰되면서 다시 깨졌다).

〈알제의 여인들〉은 본래 미국의 예술품 수집가인 빅터와 샐리 갠즈 부부가 1956년에 구매해 소장하던 작품이었다. 갠즈 부부는 습작 형태의 버전을 포함해 〈알제의 여인들〉을 약 21만 달러에 매입했다. 그러던 중 1997년, 경매를 거쳐 익명의 낙찰자에게 소유권이 넘어갔다. 낙찰금액은 갠즈 부부의 매입가를 훌쩍 뛰어넘는 3,190만 달러였다. 이후 〈알제의 여인들〉은 세계의 주요 미술관을 통해 전시를 이어오다, 이번 경매에서 새로운 주인을 맞게 된 것이었다.

예술작품은 보는 사람에 따라 여러 기준으로 평가될 수 있다. 그중에서도 가장 보편적이고 일차적인 평가 기준은 작품 자체가 갖는 아름다움, 즉 심미적 가치에 기초한 것이다. 〈밀로의 비너스〉나 〈모나리자〉 같은 작품들 앞에서는 누구라도 감탄을 자아내는 것처럼 말이다.

보편적인 기준과는 무관하게, 개인의 주관적인 기준이나 선호도에 따라 작품을 평가할 수도 있다. 사람에 따라서는 자신이 애착을 갖는 작품에 특별한 가치를 부여하거나, 이를 자신과 동일시하기도 한다. 그 대상은 개성 넘치는 어느 무명 화가의 그림일 수도 있고, 한정판 〈스타워즈〉 피규어가 될 수도 있다.

하지만 금융의 세계에서 예술작품은 전혀 다른 기준으로 평가되기도 한다. 예술작품을 투자가치에 따라 평가하는 것이다. 이런 기준에 따르면 〈알제의 여인들〉 같은 작품은 매력적인 투

● 외젠 들라크루아, <알제의 여인들>, 루브르박물관

출처 · wikimedia

● 파블로 피카소, <알제의 여인들>

출처 · 크리스티

자 대상이 아닐 수 없다. 1997년 3,190만 달러에 낙찰되었던 이 작품은 2015년 경매에서 약 여섯 배나 높은 금액에 팔렸다. 전체 수익률은 562퍼센트, 연 단위로 환산하더라도 10퍼센트 이상씩 가치가 상승했다.

한때 철강왕 카네기의 사업 파트너였던 헨리 프릭^{Henry} Frick(1849~1919)의 행적에서도 이런 관점은 분명히 드러난다. 그는 생전에 렘브란트의 회화작품을 비롯해 광적으로 미술품을 수집했는데, 그 근저에는 다음과 같은 판단이 자리 잡고 있었다.

"그림은 보유하고 있는 것만으로 주식보다 수백, 수천 배의 이익을 올릴 수 있다."

투자와 예술이 만났을 때

━━━━━ 헨리 프릭의 투자관과 흡사한 모습은 1980년대 일본 투자자들 사이에서도 나타났다. 1985년 9월 22일 플라자 합의^{Plaza Agreement}가 있고 난 후의 일이었다. 이날 미국, 독일, 프랑스, 영국, 일본의 재무장관들은 뉴욕 플라자 호텔에 모여 달러화 가치를 하향 조정하는 방안에 합의했다. 미국 기업들의 가격 경쟁력을 확보하고 만성적인 무역적자를 타개하기 위한 조치였다.

그 결과 엔화의 가치는 플라자 합의 전과 비교해 거의 두 배 가까이 상승했다. 이에 따라 일본 투자자들의 해외 구매 여력도 늘어났다. 엔화의 가치가 상승하자 해외의 자산들을 사실상 기존 가격의 절반 수준에 사들일 수 있었기 때문이다.

이 시기 일본의 투자자들이 관심을 보인 주요 대상 중 하나는 예술품이었다. 반 고흐의 〈해바라기〉가 약 4,000만 달러에 야스다 해상보험에 매각된 것을 비롯해, 르누아르나 피카소 같은 유명 화가들의 작품 대부분이 일본 투자자들의 손에 들어갔다. 이들이 사들인 품목 중에는 540만 달러에 낙찰된, 서양 최초의 금속활자 인쇄물인 구텐베르크 성경도 있었다.

하지만 당시 투자자들이 예술품에 관심을 보인 데는 엔화 가치의 상승 외에 또 다른 원인도 있었다. 대체투자alternative investment상품의 필요성이었다.

1987년 10월 19일, 미국 다우지수는 단 하루 만에 22퍼센트나 폭락했다. 일명 '블랙먼데이'로 불리는 날이다. 이런 일이 발생하자 투자자들에게는 불안감이 엄습했다. 더 이상 주식이나 채권 같은 전통적 금융상품에만 의존하기는 어려워 보였다. 기존 투자 방식의 위험성을 상쇄함은 물론, 안정적인 수익을 가져다줄 새로운 투자 대상을 찾아야 했다. 이 같은 필요에 따라 금융상품을 대신할 투자 대상으로 떠오른 것이 바로 예술품이었다.

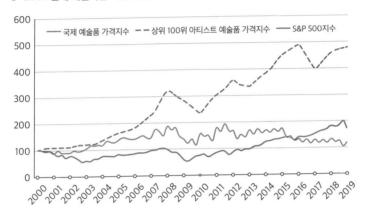

예술품은 이자나 배당을 기대하기 어렵고, 그 가치를 평가할 만한 객관적인 기준도 없다. 하지만 작품 자체의 희소성과 구매자의 자금력이 결합되면 그 가치는 천정부지로 치솟게 된다. 또한 경매에서 형성된 가격은 이후 거래에서도 최저기준으로 고려되어 가치 하락 우려도 낮은 편이다. 주식투자의 위험성을 몸소 체감했던 이들에게 예술작품은 더할 나위 없는 대체투자 수단이었던 것이다.

그렇다면 투자 관점에서 예술품은 주식이나 채권투자에 비해 얼마나 유리할까? 작품별로 그 결과는 천차만별일 수밖에 없지만, 피카소의 〈알제의 여인들〉은 투자 면에서도 월등한 성과를 보여주었다. 채권투자는 물론 웬만한 주식투자 수익률을 능가하는 수준이다. 예술품 투자의 전반적인 수익성 역시 투자자들의 기대를 저버리지 않는다. 온라인 미술품 가격 데이터베이스 '아트프라이스Art Price'에 나타난 연도별, 작가별 그림 가격 지수(195쪽 그래프 참고)에 따르면, 예술작품에 대한 투자는 실제로도 주식투자에 버금가는 성과를 거두고 있다.

대체투자 활용법

━━━━━━━ 전통적인 방식의 투자는 주식, 채권 같은 금융상품을 대상으로 한 것이었다. 하지만 이는 투자 대상이 제한적일 뿐 아니라 경제 상황이 나빠지면 주식이든 채권이든 수익률이 저조할 수밖에 없다. 따라서 증권시장의 변동 위험에 대응하고 투자 대상을 다변화하기 위해서는 새로운 투자 수단을 고려할 수밖에 없다. 이것이 대체투자가 필요한 이유다.

대체투자에 해당하는 투자 방식이나 대상은 광범위하다. 투자 방식 면에서 본다면, 사모펀드나 헤지펀드를 통해 투자에 참여하는 것도 넓은 의미에서는 대체투자의 한 유형에 속한다.

투자 대상 면에서 본다면 주식이나 채권 외의 모든 것들이 대체투자 수단으로 고려될 수 있다. 그중에서도 원자재나 농산물처럼 가격 변동에 따른 이익을 기대할 수 있는 상품commodity은 대표적인 대체투자 대상이다.

짐 로저스Jim Rogers(조지 소로스와 함께 헤지펀드를 설립해 운용하기도 했다) 같은 투자자는 이 분야의 아이콘과도 같은 인물이다. 세계경제를 강타했던 1970년대 오일쇼크 당시, 대부분의 투자자들은 돈을 잃었지만 로저스만은 예외였다. 그 비결은 무엇이었을까? 바로 대체투자의 활용 여부였다. 유가 폭등은 미국 산업과 주식시장에 최악의 상황을 안겨주었지만, 유가 상승을 예측하고 상품시장으로 눈을 돌렸던 로저스에게는 다시 오기 힘든 기회였던 것이다.

부동산이나 항공기, 선박 같은 것도 대체투자 대상으로 인기가 높다. 최근 들어 활발히 조성되고 있는 부동산 펀드나 항공기 펀드 등도 이러한 경향을 반영한 것들이다. 이들 펀드는 투자자로부터 모은 자금을 주식이나 채권이 아닌 부동산이나 항공기 투자에 활용한다. 투자자는 정기적으로 지급되는 임대료나 운임을 통해 안정적인 수익원을 확보한다.

대체투자의 대상은 이런 것들에 한정되지 않는다. 앞서 본 예술작품을 비롯해, 투자 대상으로서의 수익성과 창의적인 아이디어만 있으면 우리 주변에서도 아이템을 쉽게 찾아낼 수 있다. 와인이나 치즈를 찾는 소비자가 늘고 있다면, 이를 대상으로 한 대체투자를 생각해볼 수 있다. 인기를 끌 것으로 예상되는 영화나 음악이 있다면 대체투자를 활용해 투자자로 참여하는 것도 가능하다.

다만 대체투자의 경우 아직까지는 많은 투자금이 요구되거나, 선물·옵션거래처럼 생소한 방식으로 이루어지는 것이 대부분이다. 이 때문에 자금력이나 전문성이 부족한 개인이 직접 대체투자를 실행하기란 어려운 것도 사실이다. 그럼에도 대다수 투자자에게 대체투자의 중요성은 날로 높아질 수밖에 없다. 주식이나 채권투자만으로는 투자자들의 높아진 눈높이에 부응하기 어렵기 때문이다.

예술적 안목을 지닌 투자자라면 지금 당장 제2의 피카소나 앤디 워홀을 찾아 나서보자. 와인에 관심이 있다면 제2의 보르도 와인을 찾아보는 것도 좋은 방법일 것이다. 새로운 대체투자상품이 당신의 관심을 기다리고 있을지 모른다.

09 가족 같은 반려견에게 재산을 남기고 싶다면

신탁

세계에서 가장 부유한 동물

━━━━━━ 셰퍼드 품종견인 군터 6세는 5억 달러의 재산을 보유한, 세계에서 가장 부유한 동물이다. 이 막대한 재산의 원천은 그의 증조할아버지인 군터 3세 때로 거슬러 올라간다. 1992년, 독일의 백작부인 카를로타 리벤슈타인은 사망 당시 유산을 자신의 반려견인 군터 3세에게 남겼다. 군터 3세가 사망하자 그의 재산은 후손들에게 대대로 상속되었고, 군터 6세가 이를 물려받게 된 것이다.

군터 3세가 유산을 넘겨받았을 때의 재산 규모는 8,000만 달러 정도였다. 하지만 이후 재산 관리인들이 투자에 성공하면서

● 세계에서 가장 부유한 동물 군터 6세의 마이애미 맨션

출처 · 보스헌팅

군터 6세가 보유한 재산은 여섯 배 이상 불어났다. 이 돈으로 군터가의 견공들은 지중해 인근의 고급 빌라를 매입하고, 휴가철에는 전용기를 타고 세계 곳곳을 누빈다. 최근에는 군터 4세때 팝스타 마돈나로부터 매입한 플로리다의 맨션을 3,175만 달러에 매물로 내놓아 화제가 되기도 했다.

　재산의 소유나 상속 등은 본래 사람과 사람 사이에서 발생하는 일이다. 이 때문에 대부분의 나라에서 개나 고양이 같은 반려동물은 유산을 상속받을 수 없다. 그렇다면 군터가의 견공들은 어떻게 그토록 많은 재산을 가질 수 있었을까? 그 해답은 신탁이라는 금융 수단을 활용한 데에 있다. 군터가의 구성원들은 신탁 방식으로 재산을 물려받고, 이렇게 물려받은 재산을 관리

인들을 통해 다방면으로 운용할 수 있었던 것이다.

금융 수단으로서의 신탁trust이란, 자신의 재산을 제3자에게 맡기고 제3자는 관리인 자격으로 이를 보관·관리하는 계약을 일컫는 말이다. 예금, 주식 같은 금융상품에 비하면 신탁은 다소 생소하게 느껴질 수도 있다. 하지만 신탁 역시 사람들의 경제적 필요에 따라 오랜 기간 활용되어온 제도 중 하나다. 근래에 들어서는 재산의 관리나 증식을 위한 수단으로도 각광받고 있다.

신탁의 연원

━━━━━━━━ 재산을 믿고 맡긴다는 내용의 신탁과 유사한 제도는 로마제국 말기의 생활상을 통해서도 그 단면을 엿볼 수 있다. 제국 말기, 이민족과의 거듭된 전쟁과 황실의 부패로 인해 로마의 국고는 바닥난 상태였다. 이 때문에 로마는 주요 세금원인 토지를 대상으로 더더욱 무거운 세금을 부과했다. 주인이 없는 토지는 사람들에게 강제로 분배하고 그에 대한 세금을 물릴 정도였다.

과중한 세금에 짓눌려 토지를 포기하려는 사람들도 늘어만 갔다. 하지만 막상 토지를 포기하기도 쉽지는 않은 일이었다. 대다수 사람들에게 토지는 유일한 자본이었고, 토지를 포기하면 생존마저도 여의치 않았기 때문이다. 세 부담을 이기지 못한 사람들은 세금은 회피하면서 일부나마 재산을 보전할 수 있는 방안을 찾는 데 골몰했다. 궁지에 몰린 이들이 마지못해 택한 것은 자신을 보살펴줄 후원자를 찾는 것이었다.

후원자의 대부분은 왕족이나 귀족, 고위 관리처럼 국가에 대한 조세나 부역 의무로부터 면제된 자들이었다. 그들이 가진 지위와 권세를 바탕으로 중앙정부의 압력을 막아낼 수 있는 영향력도 기대할 수 있었다.

후원자를 찾은 사람들은 자신이 소유하던 토지를 넘겨주고 이들의 보호막 아래로 들어갔다. 토지 소유권이 넘어간 만큼 그에 부과되는 가혹한 세금을 피할 수 있었기 때문이다. 대신에 토지의 관리인 자격을 얻어 토지에서 발생하는 소출 중 일부를 가져갔다. 이로써 토지를 맡긴 사람은 후원자의 보호 아래 최소한의 생활을 유지할 수 있었다. 어찌 보면 생존을 위해 불가피한 선택을 한 셈이었다.

이런 방식의 토지 이전이 증가하자 후원자가 보유한 토지 규모는 점점 더 늘어났다. 하지만 토지를 넘겨준 사람들의 처지는 정반대였다. 영세한 규모의 토지 소유권마저 잃게 되자 이들은 점차 소작농의 지위로 전락했다. 중세 시대에 만연했던 봉건 영주와 농노 관계가 형성된 시발점이기도 했다.

농민들의 궁여지책에 따른 것이긴 했지만, 이처럼 타인에게 소유권을 넘겨주고 그로부터 일정한 이익을 누린다는 개념은 고대 로마 시대부터 존재하고 있었다. 그러나 신탁 제도가 오늘날과 같은 제도적 기틀을 갖추게 된 것은 중세 시대에 들어서였다.

전쟁에 나간 중세의 군인들은 어떻게 재산을 관리했을까?

▬▬▬▬▬ 서로마제국의 멸망과 함께 중세 유럽 시대를 연 게르만족에게는 잘만Salmann이라는 관습이 있었다. 잘만이란 소유자로부터 토지 등의 재산을 이전받고 이를 관리하기로 약속한 자를 가리키는 말이었다. 잘만은 중세 시대, 전쟁터에 나서는 군인이나 성지순례를 떠나는 여행객들에게 더없이 유용한 제도였다. 이들은 장기간 고향을 떠나 있어야 할 때에도 잘만을 활용해 재산을 맡겨둘 수 있었다. 이후 고향으로 돌아왔을 때에는 이들이 관리하고 있던 재산을 무사히 되돌려 받았다.

이러한 관습은 중세 영국에서는 유스Use라는 토지 제도로 승계되어 널리 활용되었다. 유스의 전체적인 구조는 잘만과 크게 다르지 않았다. 장거리 여행에 나서는 사람들은 친구나 친척 등 믿을 만한 관리인에게 재산 관리를 부탁했다. 독실한 교인들은 맡겨둔 재산에서 발생하는 이익을 교회에 기부하도록 하는 경우도 있었다. 이런 약속에 따라 관리인은 외형상 재산에 대한 권리를 이전받고, 사용과 관리에 필요한 권한을 행사했다. 하지만 재산에 대한 실제 권리는 엄연히 기존 소유자에게 있었던 만큼 이들과의 약속이나 지시에 따라야 할 부담을 안고 있었다.

만약 장거리 여행에서 돌아온 소유자를 상대로 관리인이 재산 반환을 거부하면 어떻게 될까? 재산을 맡긴 사람은 분명 이를 돌려받을 것이라는 믿음 하에 관리를 부탁한 것이었다. 하지만 이런 신뢰가 깨지는 경우도 종종 발생했다. 일부 관리인은 재산에 대한 권리가 자신에게 이전되었음을 근거로 소유자의 반환 요청을 거부했던 것이다.

십자군 전쟁을 비롯해 크고 작은 전쟁에 참여한 영국의 군인들 가운데도 이런 일을 겪은 사람들이 여럿 있었다. 전쟁에서 돌아온 후 재산을 돌려받지 못한 이들은 결국에는 영국 왕실에 억울함을 호소했다. 이후 군인들의 억울함을 풀어준 것은 영국 왕실재판소Lord Chancellor's Court였다. 왕실재판소는 판결을 통해 관리인에게 토지를 되돌려줄 것을 명했다. 관리인이 재산 반환을 거부하는 것은 양심과 윤리적 기준에 비추어 허용될 수 없다는 이유에서였다. 비록 외형상으로는 관리인에게 권리가 이전한 것처럼 보이더라도, 기존 소유자와의 약속에 따라 사용use 되어야 한다는 점을 분명히 한 것이었다.

재산의 관리 수단이었던 유스 제도는 시간이 흐르자 처음과는 다른 목적으로도 쓰이기 시작했다. 로마 시대 양상과 같이, 국왕이나 영주가 부과한 세금을 회피할 목적으로 유스를 활용하는 경우가 늘어났던 것이다. 이로 인해 국가의 재정수입이 줄어들자, 헨리 8세 시절인 1536년에는 유스금지법Statute of Uses이 마련되었다. 그렇지만 이러한 조치만으로 사람들의 경제적 필요성을 잠재우기는 어려웠다. 사람들은 법에 저촉되지 않는 여러 편법들을 찾아냈고, 믿고 맡긴다는 의미를 부각시킨 신탁이라는 형태로 유스가 가진 기능을 활용해나갔다.

금융상품으로서의 신탁

■■■■■■■ 근대에 들어와 신탁이 독자적인 금융상품의 하나로 활성화되기 시작한 것은 18세기 말 무렵이었다. 이즈음부터 미국의 은행과 보험회사들은 사업 포트폴리오에 작게나마 신탁을 포함시켰다. 1853년에는 신탁을 전문적으로 취급하는 미국 신탁회사The United States Trust Company가 최초로 생겨났다. 사망자의 유족들에게 남겨진 재산이나 보험금을 효과적으로 관리해주기 위한 회사였다. 19세기 중반부터는 기업 활동의 비약적인 증가와 맞물려, 신탁산업이 가파르게 성장했다. 회사로 유입되는 자금과 자산이 불어나면서 신탁을 통한 관리의 필요성

도 증대했기 때문이었다.

신탁이 새로운 수익원의 하나로 인식되자, 20세기 초반부터
는 은행을 비롯한 금융회사들의 참여가 본격화되었고, 더불어
신탁의 종류도 다양해졌다. 과거에는 토지 같은 부동산이 주요
대상이었다면, 금전이나 증권을 대상으로 한 신탁도 늘어갔다.

그중에서도 오늘날 금융투자 수단으로 널리 활용되고 있는
것이 바로 금전신탁이다. 금전신탁이란, 고객이 은행 같은 금융
회사에 돈을 맡기고 금융회사는 고객의 돈을 관리하는 내용의
신탁을 의미한다. 그렇다면 금전신탁상품은 어떤 원리로 재산
을 보관하고 투자하는 것일까?

가령 A라는 고객이 B회사와 1,000만 원의 금전신탁 계약을
체결했다고 가정해보자. 이 경우 현대의 신탁관계에서는 재산
을 맡긴 A를 '위탁자', 위탁자의 지시에 따라 재산을 보관·관리
하는 B를 '수탁자'라 칭한다. 신탁에서 발생하는 이익을 지급받
는 자는 '수익자(아래 그림에서 C에 해당)'로 불린다. 수익자는 통상

● 신탁의 구조

위탁자인 A의 지시에 따라 정해지는데, 가족 등 제3자를 지정하거나 위탁자 자신을 수익자로 지정할 수도 있다.

이와 같은 신탁관계가 형성되면, 수탁자는 위탁자를 대신해 그가 맡긴 금전을 예금이나 주식, 채권, 펀드 등 다양한 금융상품에 투자한다. 투자에 따르는 이익은 수익자로 지정된 C에게 지급된다. 신탁이 재산의 보관이나 관리 기능을 넘어 투자를 위한 수단으로도 활용되는 원리다.

가족 같은 애완견에게 유산을 남겨주려 할 때에도 마찬가지다. 애완견을 성심껏 보살펴줄 제3자를 관리인으로 지정한다면 애완견이 재산을 상속하는 것과 동일한 효과를 거둘 수 있다. 군터가의 견공들이 막대한 재산을 보유하게 된 것도 이런 신탁의 기능을 활용한 덕택이었다.

이외에도 신탁이라는 금융 수단을 통해 다양한 공익 활동에 참여하는 것이 가능하다. 미래의 과학자나 스포츠 꿈나무를 후원하고 싶다면 신탁에서 발생한 이익으로 이들을 지원할 수 있다. 복지사업에 관심이 있다면 신탁을 통해 마련한 기금으로 이웃들을 도와줄 수도 있다. 이런 점에서 본다면 신탁은 단순히 투자 수단에만 그치지 않는다. 활용하기에 따라서는 선한 영향력을 행사하는 데 유용한 도구로도 쓰일 수 있다.

10 맞춤형 금융상품 시대

비스포크 금융 시대

━━━━━━ '필요는 발명의 어머니'라는 말은 금융에서도 동일하게 적용된다. 대출이나 예금을 비롯해 환어음, 주식, 채권 같은 대부분의 금융상품들은 경제적 필요에 따라 고안된 무형의 상품들이었다. 이처럼 금융의 탄생부터 현재에 이르기까지 무수한 상품들이 생겨났지만 때로는 한계도 존재한다. 기존 상품만으로는 투자자의 다양한 요구를 모두 반영해내기 어렵기 때문이다. 백화점에 가면 무수히 많은 상품들을 만날 수 있지만, 특별히 맞춤형bespoke 상품을 찾게 되는 것도 이러한 이유에서다.

금융시장에 참여하는 투자자의 유형은 다양하다. 어떤 투자자는 안정적인 투자 대상만을 선호하는 반면, 어떤 투자자는 위험을 감수하더라도 보다 많은 수익을 얻고자 한다. 전자의 투자 대상이 예금이나 채권이라면, 후자는 주식이나 사모펀드, 파생상품 등에 관심을 갖는다. 하지만 이들 가운데는 그 중간지대에 속하는 투자자들도 있기 마련이다. 일부 투자자는 손실은 기피하나 예금이나 채권보다는 높은 이익을 얻고자 한다. 이와 달리 손실은 일부 감수할 수 있지만 투기성 거래는 피하려는 투자자도 존재한다.

맞춤형 상품과 마찬가지로, 금융에서도 투자자의 선호나 요구를 세세하게 반영해줄 수 있는 영역이 존재한다. 바로 구조화 증권structured securities 시장이다.

구조화 증권이란 주식이나 채권 같은 금융상품을 기초로, 투자자의 각기 다른 요구에 부응하기 위해 이를 변형시켜 새로운 수익구조를 갖도록 설계된 증권이다. 투자자라면 한번쯤은 들어보았을 ELS나 DLS 같은 금융상품이 대표적인 구조화 증권에 해당한다.

구조화 증권이 첫선을 보인 곳은 1980년대 후반 유럽의 금융시장이었다. 원금 손실의 위험 없이, 예금이나 채권보다 높은 수익을 얻으려는 고객이 주요 타깃이었다. 이러한 신종 금융기법은 1990년대 아시아 지역에도 소개되었는데, 구조화 증권의 발원지인 유럽에서보다 더 큰 인기를 끌었다. 2014년 한 해 홍콩에서 발행된 구조화 증권의 물량이 유럽 전체 시장의 물량을 능가할 정도였다. 구조화 증권의 인기는 국내에서도 예외가 아니다. 2017년 국내 구조화 증권의 발행 물량이 100조 원을 넘어섰을 만큼 투자자의 뜨거운 관심을 받고 있다.

ELS의 투자 원리

━━━━━━━━ 구조화 증권 중 가장 널리 알려진 것은 주가연계증권Equity Linked Securities: ELS다. ELS는 기초자산에 해당하는 주식이나 주가지수에 연동해 그 수익이 지급되는 구조화된 금융상품이다. 보통 정해진 이자율 수준에 따라 수익을 얻는 예금이나 채권과는 대비된다. 따라서 안전자산에 투자하되 안전자산의 이자율 이상의 수익을 원하는 고객이라면 이에 맞춰 설계된 ELS상품을 적합한 투자 대상으로 고려할 수 있다.

투자자 수요나 시장 조건을 감안해 ELS의 구조를 설계하는

● ELS 상품구조

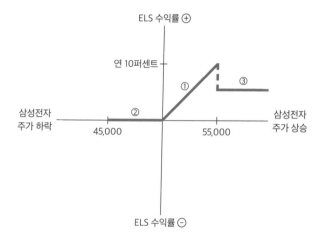

것은 증권회사 같은 금융회사들이다. ELS 투자자는 상품의 설
계와 기초자산의 변동에 따라 가변적인 수익을 얻는다. 이때
수익률을 결정짓는 기초자산으로 삼성전자 같은 개별 주식을
지정할 수도 있고, 코스피KOSPI 같은 주가지수를 활용할 수도
있다.

위 그림은 삼성전자 주식을 기초자산으로 하여 발행된 ELS
의 상품구조를 예로 든 것이다. 이를 통해 ELS의 투자 원리와
특성을 좀 더 상세히 파악해보자.

①구간은 평균 이상의 수익을 기대하는 투자자의 수요를 반
영한 구간이다. 이 구간은 삼성전자의 주가 상승에 비례해 투

자자의 수익률도 증가하는 구조로 설계되어 있다. 만약 상품 가입 시 5만 원이던 주가가 만기 시점에 5만 5,000원으로 상승했다고 하자. 이 경우 ELS의 수익률은 주가 변동과 연계하여 정해지므로, 투자자는 10퍼센트의 수익률을 보장받게 된다. ELS에 1,000만 원을 투자한 사람이라면 총 1,100만 원을 지급받게 되는 것이다. 투자자는 기대했던 바와 같이 예금이나 채권보다 높은 수익을 거둘 수 있다.

②구간은 최악의 경우에도 손실만은 회피하려는 투자자의 성향을 반영한 구간이다. 앞의 설계 내용에 따르면, 주가가 5만 원 이하로 떨어지더라도 투자자는 그와 연동해 손실을 부담하지 않는다. 주가가 하락할 경우 ELS 수익률은 마이너스가 아닌 '0퍼센트'으로 고정되어 있기 때문이다. 따라서 투자자는 손실에 대한 우려 없이 최소한 투자원금만큼은 보장받을 수 있다.

③구간은 ELS를 발행한 금융회사의 필요를 반영한 구간이다. 주가 상승에 따라 그에 비례하는 수익을 계속 지급해야 한다면, ELS를 발행한 회사의 손실도 증가할 수밖에 없다. 이 때문에 주가가 일정 수준을 초과하면 사전에 합의된 수준의 보상(흔히 '리베이트'라고도 부른다)만 지급하기로 약속한 구간이다. 이를 통해 금융회사는 손실 범위를 효과적으로 관리할 수 있다.

물론 실제 ELS상품은 이보다 훨씬 복잡하고 정교한 구조로 설계되는 것이 대부분이다. 수익 지급 조건을 보다 세부적으로 나눌 수도 있고, 투자자 성향에 따라 원금이 보장되는 유형과 그렇지 않은 유형으로 설계할 수도 있다. 하지만 다양한 상품 설계와 기초자산을 통해 투자자가 원하는 상품을 제공한다는 점은 공통적이다.

DLS는 ELS와 무엇이 다를까?

━━━━━━ 구조화 증권의 손익은 주식이나 주가지수 변동에 따라서만 결정되는 것은 아니다. 금리나 통화, 상품 등 다양한 기초자산에 연동되게끔 설계할 수도 있다. 주가연계증권과 대비되는 파생결합증권Derivatives Linked Securities: DLS은 이처럼 주식이나 주가지수 외의 기초자산 변동에 따라 그 손익이 결정되는 구조화 증권을 말한다.

DLS는 수익을 결정하는 기초자산만 다를 뿐, 설계 방식은 ELS와 근본적으로 동일하다. 금리 등 기초자산의 움직임에 따라 지급되는 수익의 내용도 달라지는 구조다. 투자자 성향을 반영해 원금보장형 또는 원금비보장형으로 설계할 수도 있다. 예를 들어 다음과 같은 구조로, 시장 금리를 기초자산으로 하는 원금비보장형 DLS상품이 발행되었다고 해보자(가입 시 금리는 2퍼센트로 가정).

● DLS 상품구조

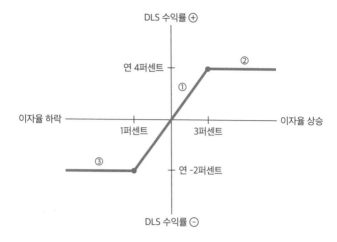

이와 같은 설계에 따르면, 투자자는 금리가 3퍼센트까지 상승할 경우 그에 비례해 투자금의 연 4퍼센트 수준까지 수익을 올릴 수 있다. 반대로 금리가 1퍼센트까지 하락하면 그에 비례해 투자금의 연 2퍼센트 수준까지 손실을 입게 된다(①구간).

만약 금리가 3퍼센트를 초과하여 상승한 경우라면 어떨까? 이때에는 금리 상승에 비례해 수익이 느는 것이 아니라, 투자금의 연 4퍼센트로 수익이 한정되어 있는 것을 볼 수 있다(②구간). 하지만 금리가 1퍼센트 미만으로 하락하더라도, 손실액은 투자금 대비 연 2퍼센트로 제한된다(③구간).

구조화 채권도 있다

━━━━━━━━ 구조화 증권의 혜택을 누릴 수 있는 것은 비단 투자자에 그치지 않는다. 회사 같은 자금수요자 역시 구조화 채권structured note을 통해 맞춤형 방식으로 자금을 조달할 수 있다. 투자자에게 지급할 이자를 시장금리, 환율 같은 기초자산과 연동하여 결정하는 방식을 활용한다.

오늘날 채권시장에서도 널리 활용되는 변동금리부채권 floating rate note은 대표적인 구조화 채권이다. 이 채권은 기초자산의 변동에 따라 투자자에게 지급할 이자 수준도 변동한다는 점이 특징적이다. 예컨대 시장금리를 기초자산으로 할 경우, 금리가 상승하면 투자자에게 지급해야 할 이자도 늘어난다. 반대로 금리가 하락하면 투자자에게 지급할 이자는 더 적어진다.

이를 통해 회사는 더 많은 투자자를 불러모으고 보다 용이하게 자금을 마련할 수 있다. 향후 금리 예측을 기반으로 자금조달 비용을 경감할 수 있는 것도 크나큰 장점이다.

이와 같은 구조와 반대로 설계된 채권의 발행도 가능하다. '역'변동금리부채권inverse floating rate note 방식이다. 역변동금리부채권이 발행된 때에는, 시장금리가 올라가면 회사가 지급할 이자는 오히려 적어지는 결과가 발생한다. 반대로 시장금리가 하락하면 회사가 지급해야 할 이자는 더 늘어난다. 채권투자자의 입장에서는 시장금리가 상승할수록 더 적은 이자를 받고, 시장금리가 하락할수록 더 많은 이자를 받는 흥미로운 채권이 될 수도 있다.

금융투자 수단은 날로 다양해지고 있으며 과거보다 복잡한 형태로 진화하고 있다. 그중 구조화 증권은 획일적인 투자 방식을 벗어나, 투자자의 다양한 요구를 반영해주는 수단으로 자리 잡고 있다. 구조화 증권을 맞춤형 금융상품에 비유할 수 있는 것도 이 때문이다. 하지만 투자 수단이 다양해지고 복잡해질수록, 금융에 대한 깊은 이해와 관심도 더더욱 필요한 일일 수밖에 없다. 투자의 세계에서 새로운 이익은 언제나 새로운 위험을 동반하기 때문이다.

3부

위험관리의 기술

FINANCE

"일인은 만인을 위하여, 만인은 일인을 위하여"

알렉상드르 뒤마, 《삼총사》 중에서

01 함무라비 법전에 나타난 보험의 기원

해상보험

보험이 탄생하게 된 배경

━━━━━━━━ 선사 시대 농경생활을 하던 사람들은 토기를 만들어 곡식을 보관했다. 수확을 기대하기 어려운 상황이나 불의의 재난에 대비하려는 것이었다. 이처럼 미래의 위험에 대비해 안전장치를 마련해두는 것은 현대인들도 크게 다르지 않다. 사람들은 저축으로 돈을 비축해두고 언제 닥칠지 모를 위험에 대비하고자 한다. 투자를 통해 보다 많은 재산을 축적하려는 것도 근본적으로는 이런 욕구와 무관하지 않다. 비록 위험에 대비하는 수단은 토기에서 금융의 형태로 바뀌었을지 몰라도, 이에 대비하는 자세만큼은 예나 지금이나 동일한 모습이다.

하지만 미래의 위험을 저축 같은 개인 차원의 노력만으로 감당하기란 쉽지 않다. 사고나 질병, 실직 등 다양한 위험은 예고 없이 우리를 찾아오며, 그로 인한 경제적 위험을 혼자서만 짊어지기는 버겁다. 또한 위험으로 야기되는 비용 전부를 마련해두어야 한다는 점에서 효율적인 위험관리 수단으로 보기도 어렵다. 이 때문에 사람들은 오래전부터 집단 구성원들이 마주하는 위험에 공동으로 대응할 수 있는 방안을 고민해왔다. 보험의 필요성이 싹트게 된 배경이다.

보험 제도는 구성원 중 일부에게 불의의 사고가 발생하더라도 공동체 전체가 그 위험을 나누어 갖는 논리에 따른다. 위험에 대비해 일정 비용을 납부해두었다가, 위험이 발생하면 공동의 비용으로 이를 지원하는 방식이다. 이를 통해 개인 차원에서 감당하기 어려운 위험도 슬기롭게 극복해낼 수 있다. 소설 《삼총사》의 주인공들이 외치던 "일인은 만인을 위하여, 만인은 일인을 위하여One for All, All for One"라는 말은, 이 같은 보험의 특성을 단적으로 드러내주는 표현이기도 하다.

이런 점에서 보험이란 결국 구성원에게 발생한 위험을 공동체 전체에 분담시키는 방식으로 관리하는 수단이라 할 수 있다. 그렇다면 보험 또는 보험과 유사한 기능이 활용되기 시작한 것은 언제부터였을까? 그 단서는 고대 함무라비 법전의 기록에서 찾아볼 수 있다.

선박이 침몰하면 그 손해는 누가 부담했을까?

━━━━━━━ "눈에는 눈, 이에는 이"라는 동해보복의 법칙으로 유명한 함무라비 법전은 기원전 18세기, 바빌로니아 시대에 만들어진 성문 법전이다. 2.25미터 높이의 이 검은 돌기둥에는 총 3,000여 줄에 걸쳐 282개의 조문이 새겨져 있다. 그중에는 해상무역과 관련해 상인과 투자자 간 위험의 분배를 다루고 있는 흥미로운 조문도 있다. 조문에 따르면, 자금을 빌려 항해에 나선 상인은 사고를 당하더라도 손해 정도에 따라 빌린 자금의 전부 또는 일부를 갚지 않아도 무방했다. 대신에 항해를 무사히 마치면, 무역에서 발생한 이익을 투자자와 나누어 갖도록 정하고 있었다.

소형 목재 선박에 의지해 장거리 항해에 나서야 했던 시절, 해상무역은 실상 그 무엇보다 위험천만한 일이었다. 항해 기술도 부족했거니와 거센 풍랑이나 선박의 침몰, 해적 같은 다양한 위험을 감수해야 했다. 하지만 항해에 나설 자본이 부족했던 초기 무역상들은 이를 빌려서라도 기꺼이 항해에 나섰다. 항해에 성공하면 무역을 통해 커다란 이익을 보상받을 수 있었기 때문이다.

이런 상황에서 그들에게 항해의 실패는 곧 모든 것을 잃는 것이나 다름없었다. 선박에 실린 고가의 물건들을 포기해야 하는 것은 물론, 거액의 빚만 떠안을 것이 뻔한 일이었다. 항해 실

● 함무라비 법전(기원전 18세기경)

출처 · wikimedia

패의 위험을 혼자서 감당하기에는 지나치게 가혹한 결과였다. 항해를 지원하는 투자자들 역시 상당한 위험을 감수하기는 마찬가지였다. 항해가 실패로 끝나면, 빌려준 자금을 돌려받기란 사실상 요원한 일이 되고 말았다.

이런 상황에서 상인과 투자자들은 타협점을 찾아냈다. 함무라비 법전의 내용처럼, 항해에 성공하면 빌린 자금을 갚는 것 외에 무역에서 발생한 이익을 서로 나누어 갖기로 했다. 사고 위험을 감수한 대가로 투자자에게 추가 이익을 지급하기로 한 것이다.

대신에 항해에 따르는 위험도 투자자가 부담하는 것으로 정했다. 항해가 실패로 끝날 경우, 자금을 갚아야 할 상인의 의무를 면제해주기로 한 것이다. 항해에 성공하면 추가 이익을 기대할 수 있는 만큼, 사고가 발생했을 때의 위험은 투자자에게 이전되도록 한 조치였다. 위험 분배에 관한 이 같은 내용을 근거로, 일부 역사가들은 보험 제도가 기원전 2000년 무렵 시작되었을 것으로 추측하기도 한다.

함무라비 법전에 나타난 위험관리의 기술은 고대를 거쳐 지중해 무역에 종사하던 중세 상인들도 널리 활용했다. 당시에도 해상무역의 위험성에 대한 인식은 마찬가지였다. 이 때문에 금융업자들은 무역상을 상대로 돈을 빌려주면서 그에 대한 대비책도 함께 마련해두었다. 항해가 실패했을 때 돈을 되돌려 받지 못한다는 점은 이전과 동일했다. 하지만 항해에 성공했을 때 받는 보상 형태에는 다소 차이가 있었다. 금융업자들은 항해에 성공하면 빌려준 돈에 대해 22~33퍼센트 수준의 이자를 지급받기로 했다. 이는 일반적인 대출금리보다 현저히 높은 수준이었는데, 그 초과분이 위험을 감수한 대가에 해당하는 것이었다.

모험대차에서 보험대차로

──────── 이 같은 방식은 위험한 항해가 성공해야만 금융업자가 이익을 얻는다는 점에서 흔히 '모험대차'로 불린다. 이는 세부적으로 보자면 무역상에게 대출을 제공하는 기능과, 고율의 이자를 부과해 위험을 인수하는 기능이 결합된 형태였다. 하지만 대출과 이자 징수라는 형태를 띠고 있는 한, 고리대금을 금지하던 교회법의 제한을 비켜가기 어려웠다. 13세기 초, 교황 그레고리우스 9세는 관행적으로 이루어지던 모험대차에 대해서도 정식으로 문제를 제기했다.

그러자 이 시기 어느 정도 자본력을 갖추게 된 상인들은 새로운 방식을 고안해냈다. 상인들의 입장에서는 항해에 따르는 위험을 어떤 식으로든 보장받을 필요가 있었기 때문이다. 이들의 대안은 대출과 위험인수 기능이 결합된 모험대차에서, 위험인수 기능만을 활용하는 것이었다. '보험대차'라 불리는 방식이었다.

보험대차 방식에 따르면 항해에 나서는 상인들은 선불 수수료를 지급하고, 그 대가로 항해 실패에 따른 위험을 금융업자에게 부담시켰다. 이를 위해 활용된 것은 선박이나 화물에 대한 '가상'의 매매 계약서였다. 다만 계약의 효력은 아래 그림과 같이 항해의 성공 여부에 따라 달리 취급되었다.

먼저, 항해에 성공하면 이와 같은 가상의 매매 계약은 효력이 없는 것으로 처리되었다. 항해에 성공한 만큼 손해에 대한 보상이나 위험 분담의 문제도 발생하지 않았다. 위험 감수의

● **보험대차 방식을 통한 위험관리**

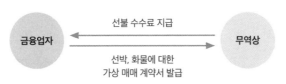

선불 수수료 지급
금융업자 ⟷ **무역상**
선박, 화물에 대한
가상 매매 계약서 발급

항해 성공 시
· 가상 매매 계약은 **무효**
· 금융업자는 수수료 수취

항해 실패 시
· 가상 매매 계약은 **유효**
· 금융업자는 항해 실패에 대한
손해를 매매 계약금 형식으로 지급

대가인 선불 수수료를 주고받은 것으로 금융업자와 상인 간 계약 관계는 종료되었다.

하지만 항해에 실패하면 가상의 매매 계약서는 실제 계약과 동일한 효력을 발휘했다. 이 경우 상인으로서는 해상 사고나 재난으로 인한 손해를 부담할 수밖에 없는 상황이었다. 그렇지만 금융업자는 계약서상의 매매대금을 지급한다는 형식을 빌려, 상인의 손해를 보상해주었다. 상인이 선불 수수료를 지급한 대가로 항해 실패에 따른 위험이 금융업자에게 이전되었던 것이다(매매 계약 외에 가상의 금전대여 계약이 쓰이기도 했는데, 이때는 빌린 돈을 반환하는 형식으로 상인의 손해를 보상해주었다).

보험대차 방식에서는 교회법상 금지되던 대출이나 이자 지급에 관한 내용은 배제되었다. 상인이 지급하는 선불 수수료는 오늘날 보험료와 유사했는데, 이를 통해 항해에서 발생할 수 있는 위험들을 효과적으로 관리할 수 있었다. 이후 보험대차를 활용해 위험만을 인수하는 방식이 보편화되자, 종전의 모험대차 방식은 서서히 자취를 감추어갔다.

근대적 보험 제도의 출현

━━━━━━ 하지만 모험대차는 물론 보험대차 역시 진정한 형태의 보험 계약과는 거리가 있었다. 이들은 대출이나 가상의

매매 계약 형태를 빌린 것이었기 때문이다. 근대적 형태의 보험제도가 나타난 것은 14세기 후반 무렵이었다. 이 시기 피사, 베네치아 같은 도시에서는 오늘날 보험 계약과 마찬가지로 보험가입자, 배상의무자, 보험료, 보험 사고 등이 명시된 계약서가 활용되기 시작했다.

계약서에는 해상 사고나 자연재해, 전쟁, 해적 침입과 같은 다양한 유형의 위험들이 보상 대상으로 기재되어 있었다. 더불어 출항 전 지급해야 할 수수료, 즉 보험료에 관한 내용도 포함되어 있었다. 초창기 보험료는 보험 가입금액의 15~20퍼센트 정도였지만, 15세기 이후로는 10퍼센트 이내에서 정해졌다. 항해 기술의 발달로 사고 위험이 조금씩 줄어든 점을 반영한 결과였다.

시간이 지나면서 계약서의 내용들은 점차 표준화된 양식으로 반영되었는데, 이 문서들은 오늘날 보험증권의 효시가 되었다. 보험증권을 의미하는 'policy', 보험료를 뜻하는 'premium', 보험사와 보험계약자를 일컫는 'insurer'와 'insured' 같은 용어들은 당시 활용되던 보험 계약 내용을 기초로 한 것이다.

이후로 보험증권은 해상무역의 발전 경로를 따라서 널리 퍼져나갔다. 스페인, 포르투갈을 비롯해 벨기에, 네덜란드, 영국 등 북유럽 지역에서도 해상무역을 위한 필수 금융상품으로 자리 잡았다.

이처럼 근대적 의미의 보험은 14세기 지중해 인근에서 활용되던 해상보험에서 시작되었다고 보아도 과언이 아니다. 17세기 후반 영국에서 새로운 보험이 선보이기까지 약 3세기 동안, 해상보험은 유일한 보험이자 상인들의 시름을 덜어준 훌륭한 위험관리 수단으로 기능했다. 하지만 이 시기의 보험은 무역이나 금융업에 종사하던 상인들의 부업 수준에 그쳤으며, 위험 역시 항해에 관한 것으로 한정되어 있었다. 이런 사실은 앞으로 보험이 보다 널리 활용될 수 있는 잠재력을 의미하는 것이기도 했다. 새로운 위험이 나타나면 그에 따라 새로운 보험이 탄생할 수 있기 때문이다. 그렇다면 해상보험 이후 새로운 위험관리의 대상으로 떠오른 것은 무엇이었을까?

02 되풀이하고 싶지 않은 런던 대화재의 비극

노스트라다무스의 불길한 예언

━━━━━━ 프랑스의 의사이자 점성가였던 노스트라다무스는 우리에게 대예언자로 잘 알려진 인물이다. 그가 남긴 예언서는 특유의 모호함으로 인해, 후대 호사가들에게 다양한 이야깃거리를 제공해준다. 나폴레옹이나 히틀러의 출현을 비롯해 지구 종말론에 이르기까지 다양한 소재를 아우른다. 그 가운데는 20의 세 배에 6을 더한 해, 다시 말해 '66'이라는 숫자가 들어간 어느 해에 런던에 닥칠 불길한 사건을 암시하는 내용도 들어 있다. 그가 정확히 몇 년도를 말한 것인지는 알 수 없지만, 그가 예견한 듯한 사건은 1666년 현실이 되어 나타났다.

"런던에 정의의 피가 요구되리니,

20의 세 배에 6을 더한 해에 불벼락이 내리리라.

고대의 여인이 높은 곳에서 떨어지고,

같은 종파의 많은 사람들이 죽임을 당하리라"

《노스트라다무스 예언서》 중에서

　　1666년 9월 2일 새벽, 런던 시내의 한 가게에서 시작된 불길이 순식간에 도시 전역을 집어삼키기 시작했다. 화재의 발원지는 토머스 패리너가 운영하는 왕실 전용 빵가게였다. 이곳에서 일하던 하녀의 실수로 시작된 불은, 서기 64년의 로마 대화재, 1657년의 도쿄 대화재와 더불어 세계 3대 화재 사건으로 회자될 만큼 비극적인 사건으로 기록되고 있다. 조그만 가게에서 시작되었던 불길이 어떻게 이런 처참한 결과를 불러온 것일까?

　　당시 런던은 일자리를 찾아 전국에서 모여든 노동자들로 북적이던 도시였다. 가난한 이들이 거주했던 곳은 대부분 나무와 짚단으로 만든 목조 주택이었다. 하지만 빽빽이 들어서 있던 목조 주택은 화재 앞에서는 커다란 장작더미에 지나지 않았다. 빵가게에서 시작된 불이 옆 건물들로 옮겨붙자 불길은 걷잡을 수 없이 번져나갔다. 기나긴 가뭄 탓에 건조했던 날씨는 화마의 기세에 기운을 더해주었다. 화재를 조기에 진압하기 위해서는 불길이 번지는 방향에 따라 일부 주택들을 포기하고 허물어야 했다. 하지만 런던 당국이 결단을 주저하는 사이, 화재는 주변 건물들을 타고 5일 밤낮으로 계속되었다.

런던 대화재The Great Fire of London로 불리는 이 사건의 결말은 참담했다. 런던 시내 주택의 80퍼센트에 해당하는 1만 3,000여 채 가옥이 잿더미로 변하고, 당시 8만의 런던 인구 중 7만 명이 집을 잃고 노숙하는 신세가 되었다. 성 베드로 성당을 비롯한 87채의 교회 건물과 관공서 역시 화재 피해를 비켜갈 수 없었다. 결과만을 놓고 보자면, 노스트라다무스의 예언이 적중한 것으로 보일 정도였다. '6'이라는 숫자가 연속되는 1666년, '고대 여인'인 성모마리아의 조각상이 불길에 추락하고, 가톨릭과 개신교 종파에 속하는 많은 신도들이 희생을 치러야 했으니 말이다.

● **1666년 발생한 런던 대화재**

출처 · Josepha Jane Battlehooke, wikimedia

대화재가 불러온 새로운 변화

■■■■■■■ 런던 대화재는 많은 사람들에게 절망감을 안겨 주었지만, 다른 한편 여러 방면에서 새로운 변화를 불러오기도 했다. 우선 대화재 이후 당시 런던에서 유행하던 페스트가 자취를 감추었다. 비위생적이었던 주변 환경과 전염병의 감염원이 모두 불타버린 덕분이었다. 소방대를 창설하고 체계적인 소화전 시설을 마련한 것도 런던 대화재로부터 얻은 교훈이었다. 이와 더불어 새 건물을 지을 때는 반드시 석조나 벽돌을 사용하도록 했다. 오늘날 여행객들이 동경하는 런던의 풍경이 조성된 것도 이즈음부터 시작된 일이었다.

한편 금융에서도 의미 있는 변화가 나타났다. 바로 화재 위험에 대비하기 위한 목적의 새로운 금융상품이 생겨난 것이다. 해상보험 이후 새롭게 나타난 보험상품은 니컬러스 바본Nicholas Barbon이라는 사업가의 노력에서 비롯된 것이었다. 의사이자 건축사업가로서 더 큰 성공을 꿈꾸고 있던 그에게, 런던 대화재는 획기적인 사업 아이디어를 떠오르게 한 계기이기도 했다.

'화재가 나기 전 사람들로부터 조금씩 돈을 받아두고
화재가 발생했을 때 이 돈으로 전과 같은 집을 지어주면 어떨까?'

이 아이디어는 위험에 대비해 보험료를 지불하고, 사고가 발생했을 때 손해를 보상받는 해상보험의 원리를 화재 사건에 응용한 것이었다. 바본의 생각대로라면 화재 피해를 입은 사람은 보험을 통해 새 집을 마련할 수 있었다. 바본 자신도 사업가로서 큰 성공을 기대할 수 있는 상황이었다.

이런 생각이 들자 바본은 채 1년이 안 되어 실행에 나섰다. 1667년, 그는 런던 시내의 주택을 대상으로 하는 보험회사 Insurance Office for Houses를 설립했다. 몇몇 사업 파트너들이 동참한 후로는 회사 이름을 화재사무소Fire Office로 바꾸고, 자신의 구상을 실험해나갔다. 이를 지켜본 사람들의 반응은 어떠했을까?

결과는 대성공이었다. 바본의 아이디어는 대화재의 참사를 직접 경험한 이들의 마음을 움직이기에 충분했다. 화재사무소는 그가 정한 거래 조건에 따라 보험 계약을 맺으려는 사람들로 연일 문전성시를 이뤘다. 화재보험에 가입하기 위한 조건은 비교적 간단했다. 석조 건물에 대해서는 연간 임대료의 2.5퍼센트, 목조 건물에 대해서는 연간 임대료의 5퍼센트에 해당하는 보험료를 납부하도록 했다. 화재 사고가 발생하면 피해자들에게는 연간 임대료의 10배에 해당하는 금액을 정액으로 보상해주기로 했다.

한편 보험 계약이 체결된 주택 앞에는 불사조 모양의 표식을 걸어 화재보험에 가입된 건물임을 표시해두었다. 불에 타 죽고

재로 변한 뒤에도 다시 태어나기를 반복한다는 불사조phoenix는 그의 사업에 더없이 어울리는 상징이었다. 그는 1705년부터 사무소 이름을 불사조를 뜻하는 '피닉스' 화재보험사Phoenix Fire Office로 바꿔 사업을 계속해나갔다. 비록 정교한 수학적 원리나 통계를 기반으로 한 것은 아니었지만, 그의 사업은 '위험이 있는 곳에 보험이 있

● 피닉스 화재보험사의 상징

출처 · wikimedia

다'는 보험의 존재 이유를 설파하기에 부족함이 없었다.

새로운 비즈니스가 된 보험

━━━━ 이처럼 바본이 오늘날과 같은 화재보험을 시작한 것으로 볼 수 있지만, 사실 화재 위험에 대비하기 위한 제도는 그 이전부터 존재해왔다. 중세 시대 융성했던 상공업자들의 연합 조직인 길드guild를 통해서다. 중세의 상인들은 길드를 구성해 물품의 도난이나 파손, 화재 같은 형태의 손해를 공동으로 협력하여 구제했다. 16세기 무렵 독일에서는 화재 피해만을 대상으로 하는 협력 조직이 나타나기도 했다. 1591년 함부르크의

양조업자 100인이 모여 결성한 화재협약Hamburg Fire Contract이 대표적이다. 양조업자들은 구성원 중 일부에게 화재 피해가 발생할 경우 구성원 전부가 그 손해를 분담하는 형태로 화재 위험에 공동으로 대처했다.

하지만 이런 제도들은 영리를 목적으로 하는 금융업의 한 형태로 보기는 어려웠다. 그보다는 미래의 재난과 위험을 구성원 간 협동을 통해 극복하는 상호부조mutual help 개념에 가까운 것이었다. 그 혜택 역시 길드 구성원 같은 한정된 사람들만 누릴 수 있는 것이어서 사회 전체적으로 발생하는 위험을 관리하기에는 역부족이었다. 보험료를 받는 대가로 위험을 보상해주고, 주택 소유자라면 누구나 가입할 수 있었던 바본의 보험상품과는 근본적으로 차이가 있다.

바본의 사업이 성공을 거두자 곧이어 많은 경쟁자들이 그의 비즈니스를 모방하기 시작했다. 유사한 회사들이 여럿 설립되면서 화재보험사업도 폭발적으로 성장했다. 그중에서도 1710년 설립된 썬화재보험사Sun Fire Office는 당시 최대 규모를 자랑하던 보험회사였다(이 회사는 현재 런던에 본사를 둔 RSA보험그룹으로 그 명맥을 유지하고 있다). 썬화재보험사는 주택 외에 상점이나 물건에 대한 화재 위험을 보장하는 상품들을 잇따라 출시하면서 사람들로부터 큰 호응을 얻기도 했다.

과거 보험이 금융가들의 부수적인 업무에 지나지 않았다면,

이제 보험은 독자적인 금융산업의 하나로 주목받기 시작했다. 이와 더불어 해상 사고나 화재 위험에 한정되었던 보험의 대상도 점차 확대되었다. 다음 장에서는 런던 대화재 이후 불거진 새로운 위험과 그에 따른 보험의 변화상을 살펴보기로 하자.

03 삶의 마지막 위험에 대한 대비책

ⓒⒺⓀⓈⓦ

생명보험

생명보험의 효시, 콜레기아 테뉴오룸

━━━━━ 해상보험과 화재보험을 통해 사람들은 미래에 닥칠 위험을 효과적으로 관리할 수 있게 되었다. 해상 사고나 화재 피해에 관한 한, 누구라도 불측의 손해에 대한 두려움을 덜 수 있게 된 것이다. 위험관리의 대상은 이렇듯 상이했지만 두 보험 간에는 공통점도 있었다. 바로 보험가입자가 겪을 수 있는 재산적 손해에 대한 위험에 대비한다는 것이었다. 하지만 사람들이 겪을 수 있는 위험은 비단 재산적인 것에 한하지 않는다. 재산 외에 생명이나 신체에 관한 사고 역시 누구에게나 발생할 수 있으며, 그로 인한 피해는 재산적인 손해와 비교할

바 아니다. 그렇다면 이와 같은 인적 사고를 대상으로 보험이 활용될 수는 없는 것일까?

수차례 정복 전쟁을 통해 로마제국이 영토를 확장해가던 시기, 로마로 잡혀온 포로와 노예들의 숫자도 급격히 늘어났다. 타국에서 외로움과 불안감 속에 살아가던 이들은 서로에게 의지하며 고된 생활을 견뎌냈다. 혹시라도 죽음을 맞게 된 이가 있으면, 공동으로 장례를 치러주며 동료의 마지막 순간을 함께했다. 이를 위해 같은 처지의 사람들로 구성된 단체를 형성하고 일정한 회비를 적립해두기도 했다. 기원전 136년, 로마 시대에 작성된 이와 같은 단체의 약관에는 가입 조건과 그 혜택에 관한 내용이 비교적 상세히 기록되어 있다.

이에 따르면 단체의 회원은 가입 시 100세스테르티(당시 화폐 기준)의 가입금을 납부해야 했다. 이후로는 매년 15세스테르티의 회비를 추가로 납입했다. 이런 요건을 갖추면 사망했을 때 동료들이 장례를 대신 치러줄 뿐 아니라, 유족이 있을 경우에는 400세스테르티의 유산을 지급해주었다. 죽음이라는 인생의 마지막 위험 앞에서도 조금이나마 편히 눈을 감을 수 있었던 것이다. 하지만 일정 기간 이상 회비를 납부하지 않으면 이 같은 혜택을 누릴 수 없도록 했다.

전쟁 포로나 노예들로부터 시작된 것이긴 했지만, 이런 제도는 로마 내에서도 점차 확산되었다. 일반 군인이나 하급관리,

노동자들은 콜레기아 테뉴오룸Collegia Tenuiorum이라는 단체를 결성하는 형태로 비슷한 관행을 이어나갔다. 이들은 회비를 징수한 돈으로 구성원의 장례를 치르고 예배 같은 종교행사를 공동으로 거행했다. 사망한 회원의 유가족이 있을 경우 일정한 생계비용을 지급하는 것도 전과 마찬가지였다. 상호부조 형태로 구성원들의 사망 위험에 대비했던 관행은 중세 시대 길드 조직이 보편화되기 전까지 그 명맥을 유지했다.

생명보험이란 흔히 사망 시 상속인을 비롯한 유가족에게 일정한 보험금을 지급하는 내용의 계약을 말한다(계약에 따라서는 사망 전까지 연금 형태로 보험금을 계속 지급받는 방식으로 운영되기도 한다). 이를 위해 보험가입자는 사망이라는 위험이 발생하기 전까지 정기적으로 보험료를 납부하고, 보험회사는 그 대가로 약속된 수준의 보험금을 지급한다.

이러한 점에 비추어 보면, 로마 시대의 콜레기아 테뉴오룸이나 중세의 길드 제도는 현대의 생명보험과 유사한 특징을 갖고 있었다. 구성원들의 사망 같은 인적 사고의 위험을 공동의 노력으로 대응했기 때문이다. 이런 이유에서 콜레기아 테뉴오룸은 생명보험 제도의 시초로 여겨진다.

초기의 생명보험: 도박과 보험의 경계

━━━━━━━━ 17세기 런던 대화재 사건으로 화재보험의 인기가 치솟자, 이후로 다양한 보험상품들이 생겨났다. 질병을 대상으로 하거나 자녀의 출산에 대비하는 등 보험회사들은 각양각색의 상품들을 쏟아냈다. 생명보험 역시 이런 분위기에서 나타난 보험상품 중 하나였다. 그중에서도 1699년에 설립된 머서즈 컴퍼니Mercer's company는 가입자의 사망 위험에 대비하기 위한 보험상품을 최초로 취급한 회사로도 유명했다.

머서즈 컴퍼니가 선보인 상품은 살아 있는 동안 보험료를 납부하고, 사망했을 때 보험금을 지급받도록 설계된 것이었다. 가입자가 사망하면 그때까지 납부한 금액에 연 30퍼센트의 이자를 더한 금액을 유가족에게 지급하도록 약관을 정했다. 이런 내용은 대다수 사람들에게 솔깃한 조건임이 분명했다. 보험가입자들은 사망 위험에 대비하는 최신 금융상품을 통해 가족들의 여생을 편히 보장해줄 수 있을 것으로 기대했다.

하지만 당시는 보험회사의 재정을 체계적으로 관리할 수 있는 시스템이 갖추어지기 전이었다. 가입자들의 기대 수명에 대한 예측은 고사하고, 예상되는 보험금 지급액을 추산하기도 어려웠다. 이 때문에 머서즈 컴퍼니의 안정적인 운영을 장담하기란 쉽지 않았다. 가입자들에게서 받은 돈으로 30퍼센트 이상의 수익을 내지 못하면 회사의 손실만 확대될 것이 뻔한 상황이었다.

이 같은 우려는 얼마 지나지 않아 현실이 되었다. 머서즈 컴퍼니가 내세운 조건대로 혜택을 받아간 사람은 일부에 지나지 않았다. 일찍 사망한 몇몇 가입자들의 유가족만 고율의 이자 혜택을 누릴 수 있었다. 그렇지만 보험가입자가 오래 살아 있으면 있을수록 이들의 유가족이 보험금을 받아갈 확률은 낮아졌다. 사망자가 늘어날수록 회사의 재정도 빠르게 고갈되었기 때문이다. 결국 수차례의 자금 보충에도 불구하고 머서즈 컴퍼니는 파산이라는 결말을 피하기 어려웠다. 그때까지 생존해 있던 가입자들에게는 보험금만 허공에 날린 결과가 되고 말았다.

한편 이즈음에는 생명보험이라는 이름만 내걸었을 뿐 사실상 도박이나 범죄에 가까운 상품들도 난무했다. 18세기 초반 출시된 생명보험 중 하나는 가입자가 보험료를 납부하면 추첨을 통해 당첨자를 선정하는 방식으로 운영되기도 했다. 당첨자는 이렇게 모인 돈의 20퍼센트를 보험금으로 지급받고 나머지는 보험회사가 챙겨가는 구조였다. 사실상 복권 추첨이나 내기에 가까운 것이었다. 보험가입자와 무관한 유명 인사의 사망을 조건으로 내건 상품들도 다수 출시되었다. 보험금을 탈 목적으로 이들의 목숨을 노린 범죄 사건도 심심치 않게 발생하곤 했다.

정교해지는 생명보험의 원리

━━━━━━━━ 이처럼 초창기 생명보험은 운영상 여러 문제점을 안고 있었다. 사망 시기의 불확실성과 그에 따른 보험료 산정의 어려움, 도덕적 해이 같은 문제들은 생명보험의 발전을 가로막는 장애 요인이었다. 생명보험이 해상보험이나 화재보험 등 여타 손해보험에 비해 비교적 늦게 활성화된 것도 이런 이유 때문이다. 도박에 가까울 만큼 투박했던 생명보험이 보다 정교하게 운영될 수 있었던 것은 인간 생명표와 확률론, 대수법칙 같은 원리들이 등장한 덕택이었다.

인간 생명표 작성은 핼리혜성의 발견으로 유명한 에드먼드 핼리Edmund Halley의 업적이었다. 그는 1693년 영국왕립학회에 〈생명연금 개선에 관한 보고서〉를 제출하면서, 폴란드 브로츠와프 지역 주민들의 수명에 관한 통계자료를 활용했다. 교회를 통해 해당 지역 주민들의 출생과 사망에 관한 기록을 입수할 수 있었던 것이 그 배경이었다. 이 자료를 기초로 핼리는 평균 수명과 연금수급자들의 기대 수명에 관한 흥미로운 사실을 발견해냈다.

그가 작성한 통계표에 따르면, 출생자 1,000명 가운데 거의 절반은 33세가 되기 전에 사망했다. 또한 생존자들이 60세가 되기까지 나머지 절반이 사망하며, 80대까지 생존하는 비율은 고작 2퍼센트에 불과했다. 따라서 통계표의 세부 내용을 활용하면, 매년 특정 연령대의 사람이 얼마나 생존해 있을지 합리적으로 예상할 수 있었다. 더불어 매년 국가가 지급해야 할 연금 지급액을 추산해내는 것도 가능했다. 이 원리는 생명보험에도 동일하게 적용할 수 있었다.

17세기 중반 이후, 파스칼과 페르마가 정립한 확률론은 보험산업의 진화에 혁혁한 공을 세웠다. 가입자의 나이별로 사망 가능성을 예측하고 보다 정교하게 보험료를 산출할 수 있었기 때문이다. 이를 통해 보험가입자는 물론 보험회사도 만족할 만한 수준의 보험료가 정해졌다. 보험회사는 생명표와 확률론을 활용해 매년 발생할 사망자수와 보험금 지급액을 비교적 정확히 예측할 수 있게 되었다. 이 금액에 보험회사의 운영비용과 적정 이윤을 반영하면 생존자들로부터 거둬들여야 할 적정 보험료도 산정할 수 있었다. 이렇듯 보험산업이 영위될 수 있는 재정적 기반은 확률론의 뒷받침 없이는 마련되기 힘든 것이었다.

이와 더불어 대수의 법칙the law of large numbers 역시 보험산업의 안정적인 운영을 위한 원리로 기능했다. 만약 평균수명은 70세인데 반해, 어느 가입자가 젊은 나이에 요절한 경우를 가정해보자. 이런 경우 보험회사로서는 손해가 이만저만이 아닐 수 없다. 그간 받아온 보험료보다 훨씬 많은 금액을 보험금으로 지불해야 하기 때문이다. 하지만 사망이라는 사건은 개인별로 30~40대에 발생할 수도 있고 80~90대에 이르러 발생할 수도

사망보험금이 2억 원인 경우

나이	남성		여성	
	비흡연	흡연	비흡연	흡연
18~34	20	40	16	30
35~39	25	50	18	35
40~44	35	80	23	50
45~49	50	100	30	70
50~54	75	150	50	100
55~59	100	250	70	180
60~64	150	350	100	250
65~69	300	600	150	400
70~74	500	1000	300	700
75~79	800	1800	500	1100

있다. 그리고 이런 사건을 대량적·통계적으로 관찰하면 결국에는 평균 70세 정도에 사망하는 것으로 수렴하게 된다. 이른바 대수의 법칙이 적용된 결과다. 따라서 보험회사로서는 개별 보험 계약에서 손해를 보더라도, 다수의 보험 계약 체결을 통해 손해를 효과적으로 분산시킬 수 있게 된다.

　인간 생명표나 확률론을 반영한 현대 생명보험의 원리는 1762년, 영국 에쿼터블보험사Equitable Assurance를 통해 본격화된 것으로 평가되고 있다. 이후로는 사망 확률과 기대 수명을 토대로, 가입자별로 합리적인 수준의 보험료를 산출해냈다. 더불어 이 회사는 보험가입자에 대한 신체검사, 가입 한도 제한, 계약 해지에 따른 환급금 등 새로운 제도들을 도입했다. 근래에 들어서는 평균수명이나 나이 외에, 사망 사고에 영향을 미칠 수 있는 다양한 요인들이 보험료 산정에 반영되고 있다. 질병 이력이나 건강상태, 성별, 흡연 및 음주 여부, 직업 같은 사항들이 대표적이다.

콜레기아 테뉴오룸에서 볼 수 있었던 삶의 마지막 위험에 대한 대비책은 현대에 와서 생명보험으로 변형되어 여전히 유지되고 있다. 의식주와 함께 금융 또한 인간의 삶과 떼려야 뗄 수 없는 요소라는 사실은 이 점에서도 분명히 드러난다.

04 새로운 위험은 새로운 보험을 불러온다

손해보험

귀부인들의 새로운 위험, 거울

1829년, 파리의 사교계에서는 귀부인들의 이목을 끄는 소문 하나가 돌기 시작했다. 라파리지엔보험회사La Parisienne Assurance가 내놓은 상품에 가입하면 화장 거울이 깨지더라도 새 거울을 장만할 비용을 보상받을 수 있다는 것이었다. 거울이 대중에 널리 보급되기 전의 일로, 당시는 화장 거울이 고가의 사치품으로 여겨지던 시절이었다. 이 회사가 선보인 거울보험은 귀부인들의 입소문을 타고 빠르게 번져나갔다. 유행에 민감했던 귀부인들은 앞다투어 거울보험에 가입했고, 행여나 거울이 깨질까 노심초사하는 염려를 덜 수 있었다. 라파리

● 보험회사와 보험가입자 간 계약관계

지엔보험회사는 새로운 위험과 귀부인들의 수요를 파악해 전례 없던 히트상품을 만들어낸 셈이었다.

이렇듯 위험이 있는 곳이라면 보험 역시 어디서나 존재할 수 있는데, 위험의 종류에 따라 보험은 손해보험과 인보험으로 분류되기도 한다. 해상보험이나 화재보험처럼 불의의 사고로 인한 재산상 위험을 보상받기 위한 것이 손해보험이다. 이에 반해 인보험이란 생명보험이나 상해보험처럼 사람의 생명이나 신체에 대한 위험을 대비하기 위한 목적의 보험이다.

하지만 위험의 종류가 무엇이건 간에 보험 계약은 보험금 지급의 원인이 되는 사건, 즉 보험 사고를 공통 구성요소로 한다. 예를 들면 화재나 사망, 거울의 파손 같은 일들이다. 이외에 보험료를 받는 대가로 위험을 인수하는 보험자, 보험료를 납부하고 위험을 전가하는 보험계약자 역시 보험을 이루는 필수 구성요소에 해당한다. 계약적 관점에서 본다면, 보험이란 결국 보험 사고에 대한 보험자와 보험계약자 사이의 관계로 보아도 무방하다.

오늘날 금융시장에서는 그 수를 헤아리기 어려울 만큼 다양한 보험상품들이 취급되고 있다. 손해보험만 하더라도 200여 개 이상의 상품이 나와 있을 정도다. 그중에서도 거울보험의 출현은 해상보험과 화재보험이 손해보험의 주축이던 시절, 신종 보험 시대의 도래를 예고하는 일과 같았다.

14세기 해상보험이 등장한 후로 제2의 보험인 화재보험이 나타나기까지는 약 3세기의 시간이 걸렸다. 하지만 산업혁명 이후 보험산업의 모습은 이전과는 판이한 양상을 보였다. 새로운 보험상품들이 물밀듯이 쏟아지면서 역동적인 변화를 거듭했다. 바꾸어 말하면, 산업혁명으로 인해 전에 없던 위험들이 새로 생겨났다는 의미이기도 했다. 새로운 위험과 이에 대응하기 위한 신종 보험들은 언제, 어떤 모습으로 나타났을까?

산업혁명과 증가하는 위험

━━━━━ 18세기 말 영국에서 시작된 산업혁명은 사람들의 생활상을 근본적으로 바꾸어놓은 사건이었다. 그중에서도 산업혁명의 상징과도 같은 증기기관차는 획기적인 변화를 야기했다. 시속 15킬로미터 내외였던 마차에 비해 세 배나 속도가 빨랐고, 수송량은 마차 한 대와는 비교 불가한 수준이었

다. 이로 인해 국내는 물론 국제 교역량까지 덩달아 늘어났다. 장거리 여행객들의 수가 늘어난 것도 불 보듯 뻔한 일이었다. 1830년, 맨체스터와 리버풀을 잇는 기차 노선이 개통되었을 때에는 약 50만 명의 여행객들이 산업혁명의 혜택을 만끽했다.

하지만 이와 더불어 새로운 사회문제도 생겨났다. 철도 사고였다. 1849년 1월 19일 〈더타임스〉지에 실린 경고문을 보자면, 이때에도 철도 사고의 위험성이 얼마나 심각했는지 알 수 있다.

"철도 사고는 거의 매일 발생할 수 있으며,
팔다리를 잃거나 종종 목숨까지 앗아갈 수 있습니다."

● **몽파르나스역 탈선 사고(1895)**

출처 · wikimedia

철도 사고라는 새로운 위험이 불거지자 이에 대응하기 위한 보험상품이 나타난 것은 어찌 보면 당연한 수순이었다. 보험회사들은 여행자의 부상이나 사고라는 새로운 위험을 간파하고 이에 대비하기 위한 상품을 출시했다. 여행자 보험상품이었다. 철도 사고가 빈번해진 후로, 여행객들이 기차

표와 보험증권을 패키지로 구매하는 것이 일상화될 만큼 여행자 보험상품은 널리 활용되었다.

증기기관을 활용한 기계 사용이 늘어나자 이를 타깃으로 한 보험상품도 생겨났다. 기계가 고장 나거나 파손될 경우 수리비용을 보상받기 위한 목적이었다. 당시에는 증기기관이 주요 대상이었지만, 이는 오늘날 기계 하자나 사고 위험을 보장하는 기계보험의 시초에 해당하는 것이었다.

1885년 카를 벤츠Karl Benz가 내연기관 자동차를 발명한 후로는 자동차 문명 역시 새로운 전기를 맞았다. 이에 대해 에밀 졸라 같은 문호는 "자동차는 인간의 이동거리를 단축시키고, 문명과 평화의 새로운 전도사가 될 것이다"라고 예상할 정도였다. 하지만 그의 예측은 반은 맞고 반은 틀린 결과가 되었다. 자동차로 인간의 편의와 행복은 향상되었지만, 자동차 사고나 그로 인한 사회적 불행 역시 크게 증가했기 때문이다. 이 때문에 새롭게 나타난 보험이 운전자라면 누구나 가입하고 있는 자동차보험이다.

다양한 변종 보험들

▬▬▬▬▬▬ 20세기에 들어서는 전과 비교하기 어려울 만큼 보험의 종류와 대상이 다양해졌다. 특히 제2차 세계대전을 전

후해 과학기술이 눈부신 발전을 거듭하면서 새로운 거대 위험들이 등장했다. 이후 항공기 사고를 대상으로 하는 항공보험, 원자력 사고를 대상으로 하는 원자력보험, 우주선 발사에 따른 위험을 대상으로 하는 우주보험 등이 연이어 나타났다. 더불어 이 시기에는 지진이나 태풍, 홍수 같은 자연재해 역시 위험관리 대상으로 인식되기 시작했다. 천재지변 같은 대형 재난이 닥치더라도 재난보험을 통해 경제적 손실과 그에 따른 위험을 최소화할 수 있게 된 것이다.

이와 같은 거대 위험이 아니더라도 이색적인 위험을 대상으로 한 보험상품도 여럿 나타났다. 1911년 영국 조지 5세의 대관식에 즈음해 상인들의 고민을 덜어주었던 강우보험이 대표적이다. 상인들은 대관식에 수많은 사람이 몰릴 것으로 예상하고 사업을 준비하지만, 자칫 비라도 내리면 막대한 손실을 입을 것이었다. 강우보험은 이처럼 비가 내릴 위험에 대비해 상인들의 영업 손실을 보상할 목적으로 탄생한 이색 보험상품이었다.

날씨에 관한 고민이라면 겨울철 스키장 역시 빼놓을 수 없다. 눈이 부족하면 여행객이 줄어드는 것은 물론 자칫 스키장을 열기도 어렵기 때문이다. 이처럼 강설량에 따라 희비가 엇갈리는 상황이라면 눈 부족 보험에 가입하는 것이 훌륭한 대안이 될 수 있다.

축구에 죽고 사는 광팬들을 위한 보험상품도 있다. 이들에게는 월드컵 무대에서 자국 대표팀의 조기 탈락을 지켜보는 것이 그 어떤 일보다 절망적이다. 세계 최고의 리그를 보유하고 있지만, 1966년 이후 한 번도 우승 트로피를 거머쥐지 못한 잉글랜드의 축구팬이라면 더욱 그러하다. 2006년 영국에서 출시된 월드컵보험은 이들을 위로하기에 더 없이 적합한 상품이었다. 대표팀이 조기 탈락할 경우 팬들이 입게 될 '정신적 충격'을 보험으로 보상받을 수 있었기 때문이다.

몸이 재산과도 같은 영화배우나 가수, 운동선수들 역시 보험을 통해 불의의 사고에 대비할 수 있다. 이른바 키퍼슨key person 보험으로 불리는 상품이 그러하다. 이들은 얼굴이나 성대, 팔, 다리 같은 신체 부상에 대비해 거액의 보험에 들기도 한다. 예를 들어 축구선수 크리스티아누 호날두는 두 다리의 부상에 대비해 최대 9,600만 파운드에 이르는 보험상품에 가입했던 것으로도 유명하다.

하지만 현재까지 출시된 보험상품 중 가장 이색적인 것을 들자면 UFO보험만 한 것도 없다. 이 보험에 가입하면 외계인에게 납치되거나 이들의 공격으로 사망했을 때 최대 1,000만 달러의 보험금이 지급된다. UFO보험은 1988년에 최초로 출시된 이후 2만 명 이상이 가입할 만큼 탄탄한 고객층도 확보하고 있다. 다행히도 현재까지 보험료를 받아 간 사람은 없는 것으로 알려져 있다.

이외에도 직원의 결근에 대비해 회사가 가입하는 결근보험, 미혼자의 갑작스런 결혼에 대처하기 위한 독신보험, 소화불량에 따른 치료비를 보상받을 수 있는 대식가보험 역시 비교적 최근에 선보인 이색적인 상품들이다. 사랑하는 반려동물이 있는 독자라면 펫보험을 통해 부담스러운 치료비 걱정을 덜 수도 있을 것이다.

다양해지는 위험의 종류만큼 이에 대응하기 위한 보험상품도 나날이 증가하기 마련이다. 그렇지만 앞으로의 위험이 어떠한 모습을 하고 있건, 사람들은 비교적 소액의 보험료만으로 미래의 위험에 효과적으로 대응할 수 있다. 보험을 통한 위험의 분산과 이전의 기술 덕분이다. 그런데 여기서 한 가지 의문이 들 수 있다. 보험에 가입한 사람들은 보험회사를 통해 위험을 관리할 수 있다지만, 보험회사는 자신의 위험을 어떻게 관리할 수 있을까?

05 보험사의 위험관리 수단

공동보험과 재보험

악몽 같은 테러 피해,
보험회사라고 비켜갈 수 있을까?

━━━━━ 2001년 9월 11일. 테러리스트가 납치한 항공기 두 대가 맨해튼의 세계무역센터 빌딩을 향해 돌진했다. 국제무역의 상징과도 같던 초고층 쌍둥이 빌딩은 삽시간에 붕괴되고 말았다. 사고 현장에 있던 사람은 물론, 영상을 통해 이 장면을 지켜본 사람들 역시 현실이라고 믿기 어려운 광경이었다. 이로 인해 항공기 탑승객 전원을 포함해 3,000여 명이 목숨을 잃고, 6,000명이 넘는 부상자가 발생했다. 9.11 테러 사건의 참혹한 결과였다.

보험회사의 입장에서 보더라도, 이 정도로 복잡다단한 문제를 야기한 사건은 없었다. 탑승객들의 인명 피해와 항공기 파손에 따른 손실은 항공보험을 인수한 보험사들이 떠안아야 했다. 이뿐만이 아니었다. 빌딩 붕괴에 따른 손해보험, 테러 희생자들에 대한 생명보험, 기업의 영업 손실을 보상해주기 위한 기업휴지보험 등 갖가지 형태의 보험 문제가 동시다발적으로 발생했다. 희생자 수와 피해 규모를 고려할 때 보험금 지급액은 최대 400~500억 달러에 이를 것으로 예상됐다. 천문학적 규모의 보험금을 지급해야 할 상황이 되자 많은 보험회사들 역시 재정적 어려움을 겪었다. 일부 보험회사들은 막대한 보험금을 감당하지 못하고 파산 위기에 내몰릴 정도였다.

비단 9.11 사건을 예로 들지 않더라도, 자연재해나 대형 사고로 인한 피해는 그 어느 때보다 심각한 수준이다. 2005년 미국 남동부 지역을 강타했던 허리케인 카트리나는 800억 달러 규모라는 사상 초유의 피해를 불러왔다. 2011년 동東일본 지역에서 발생한 대지진은 사망자 수만 1만 8,000여 명에 이를 만큼 심각한 인적 피해를 야기하기도 했다. 사고로 인한 피해는 재산이나 인명 피해에 그치지 않는다. 1989년 발생했던 엑슨모빌Exxon Mobil사의 원유 유출 사고에서는 2,000킬로미터에 이르는 알래스카의 청정 해역이 시커먼 원유로 뒤덮이는 일도 있었다.

이 같은 대규모 재난이 발생하면 금전적인 피해 회복은 결국

● 세계 10대 대형 사고   (단위: USD 백만, 명)

순위	사고명	피해 지역	발생일자	보험손해액	사망자 수
1	허리케인 카트리나	미국, 멕시코만 등	2005.8.25	80,699	1,836
2	동일본 대지진	일본	2011.3.11	37,344	18,451
3	허리케인 샌디	미국, 카리브해 등	2012.10.24	30,141	237
4	허리케인 앤드루	미국, 바하마	1992.8.23	27,368	65
5	9.11 테러	미국	2001.9.11	25,456	2,982
6	노스브리지 지진	미국	1994.1.17	24,773	61
7	허리케인 아이크	미국, 카리브해 등	2008.9.06	22,577	193
8	뉴질랜드 지진	뉴질랜드	2011.2.22	17,072	185
9	허리케인 아이반	미국, 카리브해 등	2004.9.02	16,417	119
10	태국 홍수	태국	2011.7.27	16,005	815

출처 · 스위스 리

보험회사가 해결할 수밖에 없다. 그렇지만 그 어떤 보험회사도 이 정도의 손실을 단독으로 감당하기는 힘들다. 많게는 수십조 원에 이르는 피해 금액은 한 회사의 지급능력을 초과하기 때문이다. 이런 위험을 섣불리 인수했다가는 정작 보험회사 자신의 위험은 관리하지 못하는 결과를 낳고 만다. 따라서 홀로 감당하기 어려운 위험이 있다면, 보험회사의 입장에서도 이를 적절히 분배·관리하기 위한 기술이 필요하다. 그렇다면 보험회사는 어떤 방안들을 활용할까? 대화재가 있었던 17세기 무렵의 런던으로 시간과 장소를 옮겨보자.

로이즈 커피하우스에서 생겨난 일

■■■■■■■ 17세기 후반 런던교 부근에는 유명한 커피숍 하나가 자리 잡고 있었다. 에드워드 로이드Edward Lloyd가 가문의 이름을 따 운영하고 있던 로이즈 커피하우스Lloyd's Coffee House였다. 템스강변의 선착장 인근에 자리한 덕택에 해운 업무에 종사하던 사람들은 자연스레 로이드의 가게를 찾는 일이 잦았다. 하지만 이들에게 로이즈 커피하우스는 단순한 가게 이상이었다. 바다에서 맞닥뜨린 해적과의 무용담을 비롯해 무역과 보험, 항해에 관한 다양한 정보교환이 이루어지는 장소이기도 했다.

로이드의 가게는 차별화된 서비스를 제공한 것으로도 유명했다. 직원을 통해 선착장에서 들려오는 소식을 재빨리 입수한 다음, 고객들에게 실시간으로 알려주는 것이었다. 초기에는 카페 내의 벽보를 통해 소식을 게시하는 정도에 그쳤다. 하지만 이후로는 선박의 입출항 내역과 선적 물품, 해상 사고, 날씨 등 다양한 정보를 모아 〈로이즈 뉴스Lloyd's News〉라는 정보지를 발행하는 형태로 발전했다.

이 때문에 로이즈 커피하우스는 선주나 화주는 물론, 해상보험업자들의 방문 역시 끊이지 않았다. 이들에게 커피하우스는 사업을 논의하고, 위험관리를 위해 필요한 경우 보험 계약을 맺기도 하는 공동의 사무소와 같았다. 현대 보험시장에서도 막강한 영향력을 행사하고 있는 로이즈 협회Lloyd's of London의 시초라

할 만했다(로이즈 협회는 보험업자들의 연합조직으로, 이들이 인수할 수 없는 위험은 세계 어디서도 인수할 수 없다고 할 만큼 보험업계에서 큰 비중을 차지한다).

해상보험이 활용되던 초기의 위험관리 방식은 비교적 간단했다. 보험업자들은 자신의 자금력과 보험 사고로 인한 손실액을 비교해 감당할 수 있는 범위 내의 위험만을 인수했다. 하지만 건조 기술의 발달로 대형 선박의 제조가 가능해지고 운송 물량도 늘어나면서 이 방식은 곧 한계에 다다랐다. 단독으로 위험을 인수하기에는 부담이 너무 커져버린 탓이다.

그러자 커피하우스에 모여 사업을 논의하던 사람들은 위험에 공동으로 대처하는 방안을 찾아내 활용하기 시작했다. 대형 선박이나 화물과 관련한 보험이 필요한 상황이면, 여러 사업자들이 모여 공동으로 보험 계약을 체결하기로 한 것이다. 뜻이 맞는 보험업자들이 모이면 이들 간에 합의된 내용은 작은 종이에 별도로 기재했다. 아울러 종이 아래에는 참여자들의 이름과 각자가 부담하는 책임 비율도 명시해두었다. 오늘날 보험을 인수할 때 '언더라이팅underwriting'이라는 말이 쓰이는 것도 이 시기의 거래 관행에서 비롯된 것이다.

이처럼 사업자 간에 공동보험 형태로 계약을 체결하면, 각각의 보험업자는 손실 전체에 대한 책임을 떠안지 않고 위험을 인수한 범위 내에서 일부만 책임을 지는 것으로 충분했다. 커

● 공동보험을 활용한 위험의 수평적 이전 형태

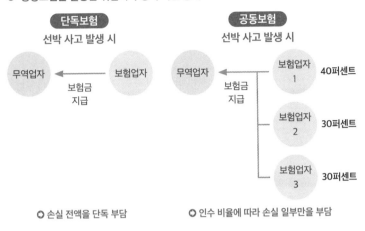

피하우스에 모였던 보험업자들은 이와 같은 공동보험을 통해 수평적으로 위험을 분담하고, 스스로에게 닥칠 수 있는 위험을 효과적으로 관리할 수 있었다.

보험회사를 위한 보험

━━━━━ 보험 사고로 인한 위험을 참여자 간에 수평적으로 분담하는 형태가 공동보험이라면, 동일한 위험을 수직적으로 분담하는 형태도 있다. 바로 재보험reinsurance이라 불리는 방식이다. 지진이나 우주선 폭발 사고 같은 초거대 위험을 예로 들어보자.

이때 보험회사는 공동보험을 통해 위험의 일부만을 인수함으로써 자신의 위험을 관리할 수 있다. 하지만 때로는 이것 역시도 충분한 대비책이 되기 어렵다. 초거대 위험의 일부에 대해서만 책임을 지더라도 그 액수는 천문학적 규모에 이를 수 있기 때문이다. 이러한 필요에 따라 보험회사를 위한 보험상품으로 활용되는 것이 바로 재보험상품이다. 스위스 리Swiss Reinsurance나 뮌헨 리Munich Reinsurance, 국내의 코리안 리Korean Reinsurance 같은 회사들은 이와 같은 재보험상품을 전문적으로 취급하는 대표적인 회사들이다.

재보험에서는 어떤 원리로 위험을 분담할까? 우선 보험회사는 재보험사와의 계약을 통해 사고 발생에 따른 위험을 비율적으로 분담할 수 있다(예컨대 보험회사가 입은 손해의 50퍼센트를 재보험사가 인수하기로 하는 방식이다). 혹은 사고 발생 시 재보험 계약에서 정한 일정 금액을 보험회사에 지급하는 형태로 위험을 분담하기도 한다(예컨대 보험 사고 발생 시 재보험사가 보험회사에 1,000만 달러를 지급하기로 하는 방식이다). 이런 과정을 거쳐 보험회사는 자신이 인수한 대형 위험을 재보험사로 분산·이전시키는 효과를 거둘 수 있게 된다.

사실 보험산업 초창기에는 오늘날처럼 재보험이 활성화되지는 못한 편이었다. 보험금 액수도 그리 크지 않았거니와, 공동보험으로 위험을 관리하더라도 큰 부족함이 없었기 때문이

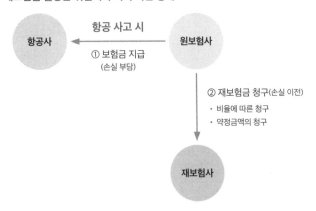

다. 14세기 이탈리아에서는 위험한 항해 구간을 대상으로 일부 나마 재보험을 활용한 기록들이 남아 있지만 전반적인 활용도 는 높지 않은 편이었다. 특히 18세기 중반 무렵 영국에서는 재 보험의 이용이 법적으로 금지되기까지 했다. 제3자의 사고발 생 여부를 조건으로 보험금 지급이 결정되는 만큼, 도박 같은 사행성을 띤 것으로 여겨졌기 때문이다. 이런 입장은 19세기 중반까지도 계속되었는데, 이는 재보험산업의 발전을 가로막 은 주원인으로 작용하기도 했다.

재보험시장이 새로운 전기를 맞게 된 것은 제2차 세계대전 후의 일이다. 초거대 위험들이 발생하고 피해금액 역시 과거와 는 비교할 수 없을 만큼 커진 것이 계기였다. 그러자 재보험을 통한 위험관리의 필요성이 그 어느 때보다 중요하게 인식되기 시작했다. 이후로 재보험은 항공기나 선박 사고 위험에 대비하는 것은 물론, 우주선 발사나 석유 탐사 같은 대형 사업을 추진할 때면 필수적인 금융 수단으로 줄곧 활용되고 있다. 지진이나 태풍, 코로나19 같은 재난 위험에 대비하는 경우도 예외가 아니다.

대수의 법칙이나 확률론 외에도 공동보험, 재보험 같은 보험회사의 위험관리 수단은 오늘날 보험 기능이 지속될 수 있는 주요 비결 중 하나다. 공동보험이나 재보험이 없었다면, 9·11 테러나 허리케인 카트리나로 인한 비극은 여전히 현재 진행형으로 남아 있을지 모른다.

06 바보 의사와 그가 남긴 유산

사회보험

어느 바보 의사의 일생

━━━━━━ 평안북도 용천 출신의 한 청년은 1932년 경성의학전문학교(현 서울대 의대의 전신)를 수석으로 졸업했다. 1940년에는 당시 가장 위험한 질병 중 하나인 충수염을 연구해 일본 나고야제국대학에서 의학박사 학위를 받았다. 그에게는 장밋빛 미래가 보장된 것이나 다름없었다. 사람들은 그가 의과대학 교수이자 대형 병원 의사로서 부족할 것 없는 삶을 살리라 생각했다. 하지만 그의 선택은 일반의 예상을 빗나갔다. 가난한 환자들을 돕겠다는 신념으로 평양연합기독병원의 의사가 된 것이다. 그의 주 고객은 걸인과 행려병자들이었으며 치료비가

없는 이들에겐 자신의 월급을 내주기도 했다.

6·25 전쟁이 발발하자 그는 둘째 아들과 함께 부산으로 피난했다. 아내와 나머지 다섯 자녀들과는 끝끝내 재회하지 못했다. 하지만 피난처인 부산에서도 그의 활동은 계속되었다. 교회 창고를 빌려 복음진료소를 열고 무료 진료를 이어갔다. 전쟁 통에 환자를 무료로 진료해준다는 소문이 퍼지자 이내 수많은 사람들이 몰려들었다. UN에서 후원받은 대형 천막 세 동은 각각 진료실, 수술실, 입원실로 쓰였고, 매일 같이 100명 이상의 환자를 보살폈다. 나무판자로 수술대를 만들든 병원 운영비가 부족하든, 그런 일들은 그의 관심 밖이었다.

전쟁이 끝나자 사람들은 바보 의사로 불리던 그를 위해 모금운동을 전개했다. 이윽고 1956년, 교회 창고에서 시작되었던 복음진료소는 현대식 병원(현 고신대 복음병원)으로 거듭났다. 병원 건립 후에도 그의 삶은 달라진 것이 없었다. 가난한 이들을 위한 무료 진료와 장학사업, 장애인 후원을 이어나갔다. 의술을 통한 봉사와 박애정신으로 가득 찬 삶이었다. 평생 자신 소유의 집 한 채 없었던 그는, 1995년 병원 옥상에 마련된 사택에서 바보 의사로서의 삶을 마감했다. 하지만 아직도 많은 이들은 그를 '행려병자의 아버지' 혹은 '성스러운 산'으로 기억하고 있다.

이야기 속 주인공은 한국의 슈바이처로도 불리는 성산^{聖山}

장기려 박사다. 그는 의사로서의 헌신적인 삶을 통해 많은 이들에게 감동을 선사했다. 그렇지만 의료 분야 외에도 그가 우리 사회에 공헌한 것은 또 있다. 바로 보험이다. 바보 의사로서의 삶과 보험 간에 과연 어떤 연관이 있었던 것일까?

건강보험의 모태, 청십자 의료보험조합

━━━━━━━━ 장기려 박사의 병원 운영 철학은 형편이 어려운 환자들에게 최대한의 의료 혜택을 제공하는 것이었다. 그러나 그의 운영 철학은 얼마 지나지 않아 위기를 맞았다. 복음병원 개원 후 부산은 물론 전국 각지에서 무료 환자들이 몰려든 탓이었다. 행정 업무를 맡은 직원들은 병원 운영을 위해 최소한의 진료비라도 받아야 한다고 주장했다. 이에 대한 장기려 박사의 반응은 지극히 바보 의사다웠다. 멀리서 찾아온 어려운 환자들을 외면할 수는 없다는 것이었다. 그렇지만 현재와 같은 상황이 계속되면 환자 치료는 고사하고 병원 자체가 문을 닫게 될 판이라는 것을 그 역시 모를 리 없었다.

이러한 연유로 1968년 5월 복음병원 내에 설립된 것이 청십자 의료보험조합이었다. '건강할 때 이웃 돕고 병났을 때 도움 받자'라는 모토를 내건 이 단체는 우리나라 건강보험 제도의 모태와도 같은 조직이다. 청십자blue cross라는 명칭은 미국 텍사스

주 베일러^{Baylor}대학에서 운영하던 교직원 의료보험 제도를 본
떠 붙여진 것이었다. 조합 설립 첫해 가입 인원은 1,600명 정도
였다. 조합원은 1인당 매월 60원의 보험료를 납부해야 했는데,
당시 짜장면 한 그릇 값에도 못 미치는 금액이었다. 조합원 중
에 치료나 수술을 받아야 할 사람이 있으면 공동으로 적립한
기금으로 병원비의 80퍼센트를 지원하고 나머지 20퍼센트는
조합원 스스로 부담하는 방식이었다.

하지만 설립 의도와 달리 조합 운영은 그리 녹록치 않았다.
첫째 달의 적립금으로 조합원 두 명의 치료비를 지원하자 기금
은 금세 바닥을 드러냈다. 1969년 스웨덴 아동보호재단의 협조
로 일시에 1만 3,000여 명의 회원이 가입하고, 1975년에는 조합
원 수가 2만 명 수준으로 증가했지만 만성 적자를 벗어나긴 어
려웠다. 숱한 해체 위기의 반복이었다. 그럼에도 조합 취지에
공감한 이들의 연이은 가입과 후원을 통해 가까스로 그 명맥을
유지해갈 수 있었다. 이후 1981년 조합원 수가 손익분기점에
해당하는 3만 명을 넘어서고, 1989년에는 그 수가 22만 명에 이
르면서 차츰 상황이 안정되어갔다. 그동안 청십자 의료보험조
합의 혜택을 받은 누적 환자 수는 800만 명에 육박했다.

바보 의사의 신념에서 시작된 청십자 의료보험조합은 공적
보험 제도의 운영에도 큰 자극이 되었다. 정부는 1977년 노동
자 수 500명 이상의 회사들을 대상으로 한 의료보험(현재의 건강

● 위험관리의 사각지대에 놓인 사람들을 돌본 장기려 박사

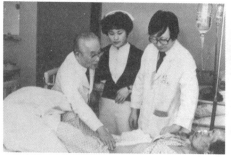

출처 · 김형석 박사 제공

보험) 제도를 우선적으로 도입했다. 1989년에는 전 국민을 가입 대상으로 하는 의료보험 체계를 마련했다. 공공 의료보험 제도를 통해, 이제는 누구나 소액의 보험료만 납부하면 막대한 치료비와 질병에 대한 두려움을 덜 수 있게 된 것이다. 이와 함께 민간단체 자격으로 보험 혜택을 제공했던 청십자 의료보험조합은 1989년 6월 건설적인 해체의 길로 접어들었다.

위험관리의 사각지대에 놓인 사람들

━━━━━━━━ 보험의 혜택이 있다고는 하지만 이로부터 소외된 사람들은 언제 어디서나 존재하기 마련이다. 앞서 살펴본 손해보험이나 생명보험은 대부분 영리 목적의 보험회사가 제공하는 것들이다. 이런 유형의 보험은 크게 민영보험으로 분류

하는데, 보험의 혜택을 받으려면 일정 수준의 보험료 납부가 필수적이다. 이 때문에 보험료 납부조차 사치일 수 있는 일부 사람들에게는 보험을 통해 장래 위험에 대비한다는 것이 현실과는 동떨어진 얘기일 수 있다. 또한 민영보험의 특성상 적정 수준의 이익을 기대하기 어려운 분야에서는 보험 기능이 발휘되기 힘들다. 대량 실업이나 빈곤층의 가난과 같은 위험이 대표적이다. 보험회사의 기본 속성은 이익을 목적으로 하는 것인 만큼, 이들에게 구호단체의 역할까지 기대하기는 무리다.

오늘날 위험관리의 사각지대에 놓인 사람들이 의지할 수 있는 최후의 보루는 국가다. 국가는 민영보험의 혜택이 닿기 어려운 영역에서 보험의 혜택을 제공하고 있는데, 이를 사회보험 혹은 공적보험이라고 부른다. 건강보험을 예로 들어보자. 건강보험을 통해 질병이나 상해로 인한 치료비 걱정을 덜 수 있는 것은 민영보험의 혜택과 별반 다르지 않다. 하지만 민영보험에 가입할 여력이 없는 사람도 저렴한 수준의 보험료만 납부하면 그 혜택을 누릴 수 있다는 점에서, 건강보험은 대표적인 사회보험에 해당한다.

국가가 나서서 질병이나 가난, 실업 같은 위험에 대비책을 마련한 것은 그리 오래되지 않은 일이다. 최초의 사회보험은 철혈재상으로 유명한 독일의 오토 폰 비스마르크$^{Otto\ von\ Bismarck}$가 도입했다. 그는 덴마크, 오스트리아, 프랑스 등 여러 나라와의 전쟁 끝에 1871년 통일독일제국을 탄생시켰지만 그 후유증은 이루 말할 수 없었다. 전쟁으로 인한 피로감은 물론, 당시 빠르게 진행되던 산업화로 인해 빈부격차는 그 어느 때보다 심각한 상황이었다. 통일 후 계속된 경제 불황은 실업에 허덕이는 노동자 수를 부지기수로 늘려갔다. 그 결과는 경제적 불평등의 철폐를 요구하는 사회주의 세력의 득세였다. 빈곤에 허덕이던 노동자계층을 중심으로 이들에 대한 지지세는 급속도로 확산되었다. 정부나 기득권 세력과의 갈등 역시 날로 격화되는 형국이었다.

이를 해결하고자 비스마르크는 새로운 정책을 도입했다. 사회보험을 통한 복지 제도의 확립이었다. 그는 노동자계층의 지지를 확보하고자 이들을 전폭적으로 보호하고 지원하는 다수의 법안을 마련했다. 가장 먼저 실시한 것은 1883년의 의료보험법이었다. 국가 차원에서 마련한 최초의 사회보험에 해당하는 것이었다. 노동자와 사용자가 각각 3분의 2와 3분의 1씩 보험료를 부담하고, 가입자들은 무상 의료 혜택을 누릴 수 있었다. 이듬해인 1884년에는 산재보험법이 마련되었다. 노동자가 업무 중 사고를 당하더라도 사용자가 납부한 보험료를 통해 보호를 받을 수 있는 제도였다. 1889년에는 연금보험법도 제정되었다. 이를 통해 70세 이상의 고령자나 노동 활동에 참여할 수 없는 사람들도 국가로부터 정기적인 보조금을 지급받을 수 있었다.

사회보험의 확산과 복지국가 시대의 도래

▬▬▬▬▬▬ 독일이 마련한 국가 차원의 사회보험 제도는 주
변국으로도 널리 확산되었다. 영국에서는 1897년에 산재보험,
1908년에 연금보험이 도입된 것을 비롯해, 1911년에는 의료보
험과 함께 노동자들의 실직 위험에 대비한 세계 최초의 실업보
험도 마련되었다(사회보험을 최초로 도입한 독일에서 실업보험이 생겨
난 것은 1927년이었다). 이후 도입 유형과 시기상의 차이는 있지만
대략 1920년대 무렵까지 이탈리아, 스웨덴, 덴마크, 스페인, 네
덜란드 등 서유럽의 선진국가들 역시 잇따라 사회보험 제도를
도입했다.

1930년대 이후에는 현대사의 비극적인 사건들을 계기로 사
회보험을 통한 복지 제도의 필요성이 한층 부각되었다. 제2차
세계대전으로 민간인 포함 약 6,000만 명의 사상자가 발생하고
삶의 터전이 붕괴되자, 인간다운 삶에 대한 국가의 책임은 그
무엇보다 중요하게 인식되기 시작했다. 이 시기 발생한 대공
황도 마찬가지다. 대공황의 여파로 미국에서는 전체 노동자의
30퍼센트가량인 1,500만 명이 실직하고 경제적 고통에 허덕였
다. 그 충격은 미국 내에 그치지 않고 자본주의 경제 전체를 위
기로 내몰았다. 대량 실업이나 빈곤 같은 위기 상황에서 국가
의 역할이 더더욱 강조될 수밖에 없었다.

이런 사건들을 겪고 나자, 전 사회계층에 대한 국가 차원의

보호와 적극적인 개입은 이제 국가적 책무의 하나로 여겨졌다. 자유주의와 개인주의에 기반한 미국에서도 1935년에 사회보장법을 제정하여 연금보험이나 실업보험 같은 사회보험이 마련되었다.

특히 1942년, 영국에서 발간된 〈베버리지 보고서Beveridge Report〉는 본격적인 복지국가 시대의 도래를 알리는 신호탄이었다. 세계대전 이후 국가 재건에 관한 구상을 담고 있던 이 보고서는 사회 발전을 가로막는 다섯 가지 장애 요소를 언급했다. 궁핍, 질병, 무지, 불결, 게으름이었다. 아울러 이 문제를 해결하기 위해서는 반드시 국가가 나서서 적극적인 복지 정책을 마련해야 한다는 점도 강조되었다.

보고서 내용이 큰 호응을 얻자 영국 정부는 다양한 정책들을 내놓기 시작했다. '요람에서 무덤까지'로 상징되는 전 국민을 대상으로 한 일련의 복지 제도가 체계화된 것도 이즈음의 일이다. 가족수당, 무상의료, 실업급여, 연금 제도, 노인과 장애인에 대한 복지서비스 등이 대표적이다. 이러한 추세에 부응해 당시 사회보험을 도입하고 있던 여러 국가들 역시 지원 대상과 지원 규모를 지속적으로 늘려나갔다. 〈베버리지 보고서〉 발간을 계기로 사회보험과 복지국가의 이념이 확고히 자리 잡아가는 모습이었다(다만 1980년대 이후로는 복지 제도의 전폭적인 확산에 일부 제동이 걸리는 추세다. 복지국가 실현을 위한 지출이 늘어나면서 복지 제도의 지속가능성에 대한 우려가 제기되고 있기 때문이다).

장기려 박사의 헌신 이후 최초의 공적 의료보험 제도가 도입된 우리나라의 상황은 어떨까? 국내에도 민영보험의 역할을 기대하기 어렵거나, 경제력과 무관하게 최소한의 보호가 필요한 분야에서는 사회보험 제도가 마련되어 있다. 흔히 4대 보험으로 불리는 것들이다. 1963년 산재보험이 최초 도입된 이래, 1977년 의료보험(현 건강보험), 1988년 국민연금, 1993년에 고용보험이 순차적으로 도입되었다. 공적보험의 경우 위험의 종류에 따라 국가가 지원하는 내용에도 차이가 있는데, 아래 내용은 현재 우리나라에서 시행 중인 사회보험의 유형과 주요 보장 사항에 해당하는 것들이다.

- 건강보험: 질병이나 부상으로 인해 발생하는 치료비 지원
- 국민연금: 노령이나 사망으로 야기되는 경제적 위험에 대한 최저생활비 지원
- 고용보험: 실직으로 인한 경제적 위험 발생 시 생활안정 자금 지원
- 산재보험: 업무상 사고로 인한 장애나 사망 위험에 대한 경제적 지원

이처럼 민영보험만으로 관리되기 어려운 위험이나 그로 인한 공백은 공적보험을 통해 보완되고 있다. 초창기 콜레기아 테뉴오룸이나 길드를 통해 발휘되었던 구성원 간 상호 협동의 전통은, 오늘날에는 국가라는 공동체가 대신하여 그 기능을 실현하고 있다.

07 헤지 수단으로 탄생한 파생금융상품

CECVSW

선물

가격 변동 위험관리 수단이었던 선도거래

위험을 관리하기 위한 대표적인 금융 수단은 앞서 보았던 보험상품이다. 하지만 금융을 통한 위험관리 기능은 보험 외에 다른 형태로 발휘되기도 한다. 선물·옵션과 같은 파생상품derivatives을 통해서다. 파생이란 사전적 의미로 '사물이 어떤 근원으로부터 갈려 나와 새롭게 생겨난 것'을 뜻한다. 이러한 점에 비추어 보면, 파생상품이란 기초 또는 근원이 되는 자산underlying asset으로부터 새롭게 생겨난 금융상품이라 할 수 있다. 물론 이 같은 정의만으로 파생상품이 무엇인지 가늠하기가 쉽지 않을 것이다. 지금부터 파생상품이란 무엇이고, 이것이 위험관리 수단으로 어떻게 활용될 수 있는지 살펴보자.

19세기 중반, 신흥 강대국의 면모를 갖추어가던 미국 산업의 중심에는 농업이 있었다. 1860년대 미국 내 농업 종사자 수는 200만 명을 상회했으며, 해외 수출액의 80퍼센트가량을 농산물이 차지했다. 하지만 옥수수나 밀농사가 풍작이어도, 그에 비례해 농민들의 수입이 증가한 것은 아니었다. 중개상들은 고액의 수수료를 떼어갔으며, 철도를 활용한 운송비는 터무니없이 높았다. 또 다른 어려움도 있었다. 바로 농산물의 가격 변동이 극심하다는 점이었다. 특히나 남북 전쟁이 한창이던 시기에는 장래의 가격 예측이 무의미할 정도로 급등락을 반복했다. 이 때문에 아무리 풍년이 들었어도 헐값에 농산물을 처분하는 일이 비일비재했다.

가령 올해 밀 가격이 1부셸bushel(곡물의 무게 단위로 약 27킬로그램에 해당한다)당 10달러 수준에서 형성되었다고 해보자. 밀을 재배하는 사람의 입장에서는 내년에도 비슷한 수준의 가격을 예상하고 다음 해 농사를 준비할 것이다. 하지만 기대와 달리 내년도 밀 가격이 1부셸당 5달러로 떨어지게 되면, 울며 겨자 먹기로 염가에 밀을 처분할 수밖에 없다. 농민들은 가격 하락 위험에 고스란히 노출되어 손해를 감수해야 한다.

그렇다면 농민의 입장에서 자신이 판매할 밀의 가격을 미리 정해둘 수 있다면 어떨까? 예컨대 밀을 심는 시점에 내년도 판매 가격을 미리 10달러로 정해두는 것이다. 거래 조건을 수용할 구매자만 찾는다면 이러한 거래도 불가능하지만은 않다. 이때에는 내년도 밀 가격이 5달러로 하락하더라도 농민은 이미 체결한 계약 조건에 따라 10달러의 가격에 밀을 판매할 수 있다. 미래에 발생할 수 있는 가격 하락 위험을 계약을 통해 헤지hedge(자산의 가치가 변함에 따라 발생하는 위험을 없애려는 시도)하게 되는 것이다.

이처럼 '현재' 시점에서 거래가격이나 수량 같은 거래 조건을 미리 정해두고, 결제는 '미래의 특정 시점'에 하도록 하는 거래를 선도거래forward contract라 한다. 현재 시점을 기준으로 거래 조건 결정과 결제가 동시에 이루어지는 현물거래spot trading와는 구분되는 방식이다(현물거래는 쉽게 말해 물건과 돈을 바로 교환하는 거래로, 편의점에서 물건을 사는 것과 같은 대부분의 거래가 이에 해당한다). 밀이라는 상품을 현물거래만 한다면 농부는 가격 변동 위험을 관리하기 어렵다. 하지만 밀이라는 상품에 선도거래를 활용하면 앞선 사례에서처럼 가격 하락 위험에 미리 대비할 수 있다. 이 같은 거래에서 밀이 기초자산underlying asset에 해당한다면, 밀에 대한 선도거래는 기초자산으로부터 새롭게 생겨난 금융거래, 즉 파생금융상품derivatives에 해당한다.

선도거래를 통한 가격 변동 위험관리는 밀을 재배하는 농부만 누릴 수 있는 것은 아니다. 해당 거래의 반대 당사자인 구매자 역시 선도거래의 이점을 활용할 수 있다. 가령 향후 밀 가격이 상승할 것으로 예측되면, 구매상은 밀을 미리 매입하는 내용의 선도거래를 통해 가격 상승 위험을 관리할 수 있다.

표준화된 방식의 선도거래: 선물先物

━━━━━━ 기나긴 상거래의 역사만큼이나 선도거래 역시 경제적 필요에 따라 오래전부터 활용되어왔다. 기원전 2000년 무렵 중국에서는 쌀을 파종하는 시기에 쌀의 가격과 인도 시점을 상인과 미리 합의해두었다는 기록이 남아 있을 정도다. 수확기 때 형성되는 가격과 무관하게 미리 합의된 조건으로 쌀을 건네주기로 하는 일종의 선도거래였던 셈이다. 중세의 유대 상인들 역시 상품의 공급부족이나 가격 변동에 대비할 목적으로 선도거래를 활용했던 것으로 전해진다. 19세기 중반 밀을 재배하던 농부나 구매상들이 가격 변동 위험에 대처하던 방식과 크게 다르지 않은 모습이다.

하지만 선도거래는 이점이 있음에도 거래상 널리 활용되기 어려운 문제점을 안고 있었다. 가장 큰 어려움은 거래 상대방을 찾는 일이었다. 밀을 재배하는 농부가 선도거래를 성사시키려면 상품가격과 수량·인도 시기 같은 거래 조건에 정확히 부합하는 반대 수요가 있어야 했다. 하지만 이에 부합하는 거래 상대방을 찾기란 생각만큼 쉬운 일이 아니었다. 당초 합의와는 다르게 계약 조건을 이행하지 않는 경우도 문제였다. 이를 강제할 적절한 방안도 없었거니와 계약 이행을 보증해줄 사람도 없었다. 시장 상황 변동에 대응하기 어렵다는 점도 무시할 수 없었다. 가격이 처음 예상과는 반대로 움직이더라도 이미 체결된 선도거래를 변경하기는 어려웠다.

이러한 문제점을 보완하고자 나타난 거래가 바로 선물거래 futures contract다. 선물거래도 크게는 선도거래에 해당한다고 볼 수 있지만, 대비되는 몇 가지 특징이 있다. 우선 선물거래에서는 거래되는 상품의 종류와 수량, 계약기간, 지급 방식 같은 거래 조건들이 표준화되어 있다. 밀이나 옥수수처럼 품목별로 최소 거래단위에 따라 계약이 체결되며(예컨대 밀 선물의 경우 최소 거래단위를 5,000부셸로 정한다), 상품의 인도 시기 역시 3개월, 6개월, 1년과 같이 정형화되어 있다. 또한 선물거래는 조직화된 전문 거래소를 통해 이루어지는 것이 일반적이다. 거래소는 당사자들의 의무이행을 담보할 목적으로 증거금을 요구하기도 하며, 결제대금 역시 거래소를 통해 안전하게 지급되도록 한다.

이런 특성 때문에 선물거래는 선도거래에 비해 훨씬 수월하고 대규모로도 가능하다. 거래소를 통해 손쉽게 거래 상대방을 찾을 수 있으며, 계약 조건을 두고 지난한 협상을 거칠 필요가 없다. 증거금이나 거래소의 결제 시스템을 통해서는 상대방의 의무 불이행에 대비하는 것도 가능하다. 만약 상품의 가격 예측에 변동을 줄 만한 요인이 발생하면, 이전 거래와 손익을 달리하는 내용의 반대 거래를 통해 위험을 관리할 수도 있다.

시카고 선물거래소와 상품선물

━━━━━━━ 표준화된 방식의 선물거래는 17세기 중반, 오사카의 쌀시장에서 처음 선보인 것으로 알려져 있다. 이곳에서는 품질에 따라 쌀을 네 개 품목으로 구분해 선물거래가 이루어졌다. 상품의 인도 시기는 통상 4개월 이내로 정해졌다. 다만 만기일에 쌀을 실물 형태로 건네는 대신, 계약 시의 가격과 만기일 현재 가격과의 차이를 현금 정산하는 방식으로 결제 업무를 처리했다. 현재와 같은 증거금 제도는 아직 활용되기 전이었다.

현대적인 선물거래시장은 19세기 중반 미국에서 나타났다. 1848년, 82명의 시카고 지역 상인들이 모여서 만든 시카고 선물거래소Chicago Board of Trade: CBOT가 그 시초였다. 당시 농산물거래의 허브 역할을 했던 이 지역에서 선물시장이 나타난 것은 어찌 보면 필연적인 일이었다.

선물거래소의 출범은 불합리한 유통구조 속에서 농민과 지역 상인 스스로 자신들의 이익을 지켜내기 위한 목적이 그 배경이었다. 농민들의 입장에서는 선물거래소를 통해 안정된 가격으로 농산물을 공급하고 더 많은 이익을 얻고자 했다. 상인들 역시 가격의 급등락이 반복되는 상황에서 일정 수준의 가격으로 농산물을 확보할 필요성이 있었다. 이런 요구에 부응해 선물시장의 거래량은 폭발적으로 증가했다. 하지만 출범 초기에는 한계도 있었다. 표준화된 거래 기준 없이, 당사자 간에 거래 조건을 개별 협상하는 방식이 주를 이루었기 때문이다.

그러자 남북 전쟁 직후인 1865년, 시카고 선물거래소는 새로운 선물거래 규칙을 마련해 거래 조건들을 표준화하기에 이르렀다. 아울러 증거금 제도와 거래소를 통한 청산 시스템도 마련했다. 현대적 선물거래 시스템 체계가 비로소 갖추어진 것이었다. 오늘날 활용되고 있는 다양한 유형의 선물거래는 이런 시스템을 기초로 형성되고 발전해온 것들이다.

초창기 밀, 옥수수 등 농산물을 주요 대상으로 하던 선물거래는 차츰 그 대상을 확대해나갔다. 축산물을 비롯해 섬유나 금속, 석유, 커피 같은 상품들 역시 선물거래 대상에 포함되기 시작했다. 1970년대까지의 선물거래는 이처럼 다양한 상품들을 대상으로 외연을 확장하고 양적 성장을 거듭했다. 하지만 그 이후 나타난 선물거래는 질적으로 차원이 전혀 달랐다. 금융선물이라는 새로운 유형의 거래였다.

● 1900년대와 2000년대의 시카고 선물거래소 전경

예나 지금이나 (선물) 파생상품거래에 대한 수요는 끊이지 않는다.

출처 · wikimedia

선물시장의 진화 : 금융선물

━━━━━━ 금융선물의 등장은 1970년대의 경제 환경 변화
와 무관하지 않다. 이때까지의 세계경제는 1944년 확립된 브레
튼우즈 협정Bretton Woods Agreement에 따라 고정환율제를 기반으로
했다. 금 1온스는 미화 35달러와 교환되며, 다른 나라들의 화폐
가치 역시 달러를 기준으로 일정하게 유지되고 있었다(가령 미
화 1달러는 0.9파운드와 동일한 가치를 가지며, 마르크화는 1달러당 1.1마르
크의 비율로 교환되는 식이다). 결국 모든 통화의 가치는 금과 연계
되어 있었으며, 고정환율제가 유지되는 이상 환율 변동에 따른
경제적 손실을 우려할 필요는 없었다.

그러나 1971년 8월, 미국 닉슨 대통령에 의해 이와 같은 고정
환율제는 사실상 붕괴되고 말았다. 미화 35달러를 금 1온스와
교환해주는 종래의 기준을 더 이상 따르지 않겠다고 선언했기
때문이다. 이른바 금 태환 정지 선언이다. 미국의 만성적인 무
역적자와 함께 베트남 전쟁의 장기화로 달러화 발행이 크게 늘
어난 것이 주원인이었다. 기존처럼 미화 35달러와 금 1온스를
교환했다가는 중앙은행에 보관한 금이 순식간에 동날 것이 뻔
했다. 결국 1976년, IMF 역시 고정환율제를 공식적으로 포기하
고 각국의 선택에 따라 변동환율제를 도입할 수 있도록 했다.

변동환율제는 새로운 금융상품에 대한 수요를 촉발시켰다.
환율 변동에 따라 나라별로 환차손이 발생할 수 있고, 그에 따

른 경제적 위험을 관리하기 위한 수단이 필요했기 때문이다. 이때 활용한 것이 파생상품의 일종인 통화通貨선물이다. 통화선물을 활용하면, '미래' 시점에 통화가치가 변동될 것에 대비해, '현재' 시점에 합의된 가격과 수량으로 통화를 사고파는 것이 가능했다. 만약 파운드화 같은 특정 통화의 가치가 앞으로 상승할 것으로 예상된다고 해보자. 이때는 파운드화에 대한 선물 거래를 통해 해당 통화를 미리 매입해둠으로써, 가격 상승 위험에 대비할 수 있다. 반대로 해당 통화의 가치 하락이 예상되면, 선물거래를 통해 미리 내다 파는 방식으로 가격 하락 위험에 대비할 수 있다.

이러한 필요에 따라 시카고 선물거래소와 더불어 파생상품 거래의 양대산맥 중 하나였던 시카고 상업거래소Chicago Mercantile Exchange: CME는 1972년 최초의 통화선물거래를 선보였다. 영국 파운드화, 독일 마르크화, 일본 엔화 등 일곱 개 외국 통화가 대상이었다.

변동환율제의 도입은 비단 환율 변동으로 인한 위험만 야기한 것이 아니었다. 환율 변동에 따라 자금의 국제적 이동이 증가하고, 이는 각국의 이자율과 채권·주식시장에도 연쇄적인 영향을 미쳤다. 이후 이자율 변동 위험을 관리하려는 목적으로 생겨난 것이 금리선물이다. 현재 시점에 합의된 이자율을 미래 시점에 적용하는 방식이다. 1975년 시카고 선물거래소를 통해 첫선을 보인 거래였다(경쟁 거래소인 시카고 상업거래소CME 역시 그 이듬해에 동일한 상품을 취급했다). 이는 이자율 변화에 따라 가격이 등락하는 채권의 매입이나 매각 형태로 이루어졌는데, 국채나 주택저당채권 같은 것들이 주요 거래 대상이었다. 1980년대에 들어서는 금융선물의 대상이 주식, 주가지수로까지 확대되었다. 이 같은 유형의 거래를 통해서는 사전 합의된 가격에 주식을 사고파는 등의 방식으로 주가 변동 위험에 대비하는 것이 가능했다.

상품의 가격 변동 위험을 헤지할 목적으로 이용되던 선도거래는 조직화된 시장을 통해 선물거래 형태로 변모해갔다. 이후 선물거래 대상은 다양한 금융상품으로까지 확대되어 수요자들의 필요에 부응하고 있다. 그렇다면 선물 외에 또 다른 위험관리 수단으로는 어떤 것을 활용할 수 있을까? 다음 장에서는 선물과 더불어 대표적인 파생상품에 해당하는 옵션에 대해 알아보자.

08 어느 가난한 철학자의 혜안

ⒸⒺ¥$₩

옵션

탈레스도 옵션거래를 했다

━━━━━ 피라미드의 높이를 최초로 계산한 사람은 누
구였을까? 기원전 6세기경 고대 그리스의 철학자였던 탈레스
Thales가 그 해답을 제시했다. 아무도 피라미드의 높이를 계산하
지 못하고 있을 때, 탈레스는 막대기 하나와 태양의 그림자만으
로 그 높이를 알아냈다. 막대기 그림자의 길이와 피라미드 그
림자의 길이가 비율적으로 일치할 것이라는 원리를 적용한 결
과였다. 훗날 탈레스는 그리스의 일곱 현인 중 한 명으로 추앙
받는 인물이 되었지만, 젊은 시절의 탈레스는 고귀한 명성과는
거리가 멀었다. 가난하여 차림새가 누추한 탓에 주변 사람들로

부터 멸시를 받는 처지였다. 하지만 그에게 가난은 선택에 의한 것일 뿐, 무능함과는 아무런 관계가 없었다. 탈레스는 이런 사실을 사람들 앞에 증명해 보이기로 한다.

이를 위해 탈레스가 눈여겨본 것은 올리브 나무였다. 그는 자신의 천문학 지식을 이용해 올해 올리브 수확량이 유례없이 많을 것으로 예측했다. 이런 생각이 들자, 그는 올리브 오일을 짜는 데 필요한 압착기를 모조리 확보해두기로 마음먹었다. 올리브 열매가 채 열리기도 전이었다. 하지만 그의 주머니 사정을 고려하면, 지역 내 압착기를 한꺼번에 빌려두기는 불가능했다. 결국 탈레스가 궁리해낸 방안은 '압착기' 자체를 빌리는 대신, '압착기를 빌릴 수 있는 권리'만을 사들이는 것이었다. 편의상 '압착기' 자체를 빌리는 데 10만 원이 필요하다면, '10만 원에 압착기를 빌릴 수 있는 권리'를 5,000원을 주고 산 것이다. 5,000원은 이 같은 권리를 취득하기 위한 대가인 프리미엄에 해당했다.

올리브 수확기가 다가왔다. 결과는 탈레스의 예측과 같이 대풍년이었다. 올리브 압착기에 대한 수요는 유례없이 높아져 부르는 게 값일 만큼 가격이 치솟았다. 그러자 탈레스는 프리미엄을 주고 획득했던 자신의 권리를 행사하기 시작했다. 대여자들과 사전에 합의했던 가격(위 예시에서 든 10만 원)만 지불하고, 지역 내 모든 압착기를 자신의 수중에 확보한 것이다. 그런 다음 자신이 빌렸던 가격보다 훨씬 높은 가격으로 압착기 수요자들에게 이를 빌려주었다. 압착기 확보에 어려움을 겪던 사람들은 탈레스의 요구대로 비용을 지불하는 것 말고는 다른 선택지가 없었다. 탈레스는 경제적으로 큰 이득을 거둔 것은 물론, 가난이 자신의 선택에 의한 것이라는 사실도 보란 듯이 증명해냈다.

옵션과 선물, 어떻게 다를까?

━━━━━━━ 탈레스가 활동하던 시절, 파생금융상품이 널리 사용되었을리는 만무하다. 하지만 그가 활용했던 방식은 오늘날 옵션option이라는 파생상품과 대단히 흡사한 것이었다.

옵션은 선물과 유사하지만, 프리미엄을 주고 획득한 권리의 행사와 관련한 선택권이 추가로 부여된 것을 말한다. 상품 같은 기초자산을 사전에 합의한 조건으로 '살 수 있는 권리'가 부여된 것을 콜 옵션call option, 반대로 사전에 합의한 조건으로 '팔 수 있는 권리'가 부여된 것을 풋 옵션put option으로 구분하기도 한다. 그리고 이러한 권리를 취득하는 대가로 상대방에게 지급하는 수수료는 옵션 프리미엄premium으로 불린다.

탈레스가 올리브 압착기에 대한 선도거래를 체결했다면 옵션 같은 선택권을 행사할 여지가 없다. 올리브 작황에 관계없이 사전에 합의된 10만 원을 지불하고 이를 빌려야 할 거래상 의무가 있기 때문이다. 이는 탈레스의 예측이 빗나가 압착기에 대한 수요가 줄더라도 마찬가지다. 따라서 수확기에 압축기 대여 시세가 15만 원으로 상승하면 대당 5만 원의 이익을 얻게 되지만, 반대로 5만원으로 하락하면 대당 5만 원의 손실을 감수해야 한다.

하지만 옵션거래에서는 올리브 작황에 따라 자신에게 유리하게끔 선택권을 행사할 수 있다. 수확기에 풍년이 들어 압착기 대여 시세가 상승했다면 자신의 권리를 행사하면 된다(현대적으로 보자면, 탈레스는 압착기에 대한 콜 옵션을 매입한 것과 유사하다). 이때는 선도거래와 마찬가지로 미리 합의된 10만 원에 압착기를 빌리고, 수요자들에게 더 높은 가격으로 대여함으로써 이익을 얻을 수 있다. 반대로 흉년이 들어 압착기 대여 시세가 하락한 때에는 권리 행사를 포기하면 그만이다. 대여 시세가 5만 원으로 하락했다면, 10만 원에 빌릴 수 있는 자신의 권리를 포기함으로써 선도거래에서와 같은 손실을 피할 수 있게 된다. 이 경우에는 권리 취득을 위해 지급했던 프리미엄 비용만 손실로 감당하면 된다.

이렇듯 옵션거래는 프리미엄 지급 대가로 권리 행사에 대한 선택권을 누릴 수 있다는 점에서 선도(혹은 선물)거래와는 다른 모습을 보인다. 이를 통해 적은 비용으로 가격 상승이나 하락

● 선물·옵션거래 비교

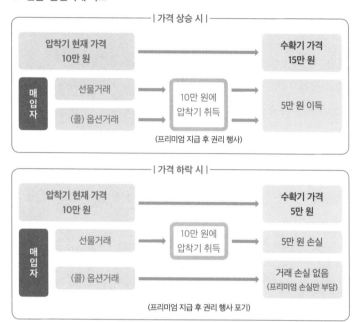

위험에 대비할 수 있게 된다. 이런 점에서 본다면, 옵션 프리미엄은 장래의 가격 변동 위험에 대비하기 위한 보험료와도 유사하다.

하지만 선물이나 옵션 같은 파생상품거래의 공통된 특징도 존재한다. 거래 당사자 중 누군가가 얻는 이익의 크기만큼 다른 당사자는 그와 동일한 규모의 손실을 입는다는 점이다. 이는 올리브 압착기에 대한 대여자와 탈레스 간 거래에서도 여실히 드러난다.

탈레스가 올리브 압착기를 대상으로 선도거래를 한 경우를 예로 들어보자. 탈레스가 10만 원에 빌린 압착기를 15만 원에 대여해준다면 탈레스는 5만 원의 이익을 얻게 된다. 하지만 선도거래의 반대 당사자인 압착기 대여자의 입장은 어떠할까? 압착기 대여자는 다른 사람에게 15만 원에 빌려줄 수 있는 압착기를 탈레스에게 10만 원만 받고서 빌려준 셈이다. 따라서 압착기 대여자는 선도거래를 통해 5만 원의 손실을 입게 되는데, 이는 탈레스가 거둔 손익과는 정확히 반대되는 결과다. 동일한 상황에서 탈레스가 압착기에 대한 콜 옵션을 행사한 때에도 마찬가지다. 이러한 제로섬 게임으로서의 특징은 주식, 펀드 같은 타 금융상품에서는 나타나지 않는 파생상품만의 고유한 특성이다.

튤립 투자: 헤지 수단에서 투기거래로

━━━━━━ 탈레스를 통해 엿볼 수 있는 초기 옵션거래는 17세기 네덜란드에서 더욱 활발히 이용되었다. 바로 튤립 때문이었다. 16세기 중반 오스만제국을 통해 유럽으로 전해진 이후, 튤립은 네덜란드에서도 큰 인기를 누렸다. 특히나 부유층이 애지중지하던 희귀 튤립들은 이들의 지위와 재력을 드러내는 분신으로 여겨지기도 했다. 이로 인해 황실에서 사용하던

● 황제 튤립

출처 · wikimedia

붉은색 줄무늬 계열의 황제 튤립 Semper Augustus은 도심 주택과 맞먹는 수준의 가격이 매겨질 정도였다. 이외에도 독특한 문양과 색채를 지닌 튤립들이 각각 총독이나 제독, 장군과 같은 호칭이 붙여져 고가에 거래되고 있었다.

1630년대 이후 튤립의 인기가 높아지자, 튤립 가격이 치솟은 것은 당연지사였다. 그뿐만이 아니었다. 아직 꽃을 피우기 전인 튤립 구근tulip bulb의 가격도 덩달아 상승했다. 그러자 낮은 가격에 미리 구근을 확보해둘 필요가 있던 튤립 재배업자나 도매상인들은 가격 상승에 대한 대처방안을 마련했다. 소액의 보증금만을 납부하고 튤립 구근을 살 수 있는 권리를 확보해둔 것이다. 튤립 구근에 대한 일종의 콜 옵션거래였다. 하지만 튤립에 대한 광적인 열기가 계속된 후로, 가격 상승 위험에 대비할 목적이었던 옵션거래는 점차 다른 양상을 띠기 시작했다.

튤립을 대상으로 한 옵션거래가 널리 활용되자 이후 자연스레 새로운 시장이 생겨났다. 옵션 자체를 사고팔 수 있는 유통시장이 형성된 것이다. 이렇듯 적은 금액만으로 튤립에 투자

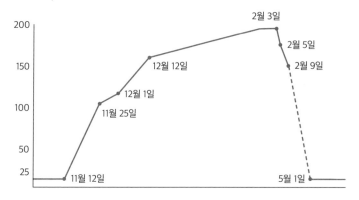

● 1636~1637년의 튤립 가격 추이

할 수 있는 길이 열리자, 이제는 너 나 할 것 없이 튤립 투자에
뛰어들었다. 농민, 목축업자, 방적공을 가리지 않았다. 그도 그
럴 것이 당시 노동자계층의 연 수입은 200~400길더 수준에 불
과했다. 이런 상황에서 20길더짜리 튤립 한 뿌리가 1주일 새
1,200길더로 치솟는 것을 본다면 어느 누가 튤립 투자를 마다
하겠는가? 튤립으로 일확천금을 노리던 사람들은 전 재산은 물
론 이를 담보로 대출까지 받아가며 투자에 열을 올렸다.

　그렇지만 이들의 관심은 옵션을 통한 위험관리나 튤립 자체
에 있지 않았다. 그보다는 튤립에 대한 권리를 사고파는 과정
에서 이익을 남기는 것이 주목적이었다. 튤립이 투자 혹은 투기
수단으로 변질된 것이었다. 옵션거래를 위한 정규 거래소가 없
던 시절, 사람들은 선술집에 둘러앉아 간단한 계약만으로 자신

이 취득한 권리를 보다 비싼 값에 되팔았다. 투자 열기가 정점에 달했던 1636~1637년에는 하루에도 수차례나 손 바뀜이 일어날 정도였다. 이 과정에서 튤립은 실제 건네진 것이 아니라 투자자들 사이에서 계약서상으로만 이전되었다. 튤립 거래를 가리켜 바람거래wind trade로 부르게 된 것도 이 때문이다. 한편 대금 역시 실제로 지급되는 경우는 드물었다. 튤립 구근이 실제로 건네지는 시점을 만기로 하는 어음 형태로 대부분 대금이 지급되었는데, 쉽게 말해 외상거래와 다를 바 없는 것이었다.

하지만 계속될 것 같았던 투자 열기는 어느 날 갑자기 얼어붙었다. 1637년 2월 3일, 더 높은 가격에 튤립을 사겠다는 사람들이 아무도 나타나지 않은 것이다. 부풀대로 부풀었던 튤립 버블이 꺼지기 직전의 상황이었다. 이후 전개된 상황은 이전과는 정반대였다. 가격이 더 떨어지기 전에 서둘러 튤립을 내다 팔려는 패닉 셀링panic selling의 연속이었다. 튤립 가격은 상승기 때보다 훨씬 가파른 속도로 폭락했다. 튤립 가격의 상승을 기대하고 계약을 체결했던 사람들은 이전 대비 10분의 1에도 못 미치는 가격을 보고서 망연자실했다.

투자자들을 들뜨게 했던 매매차익 역시 신기루에 지나지 않았음이 금세 드러났다. 거래 당사자들 간에 결제 수단으로 쓰였던 어음이 줄줄이 부도 처리되었기 때문이다. 최후의 투자자가 자금 회수에 어려움을 겪자, 그 위험이 앞 단계의 투자자들에게 도미노처럼 번져간 것이었다.

버블이 붕괴된 후 지급불능 상태에 놓인 사람들의 숫자는 3,000여 명에 달했다. 튤립 투자에 전 재산을 내걸었던 사람들은 순식간에 빈털터리 신세가 되었다. 튤립시장의 불안은 그 후로도 1년 이상 지속되었는데, 당국의 조치에 따라 가까스로 진정을 되찾았다. 이전에 체결된 계약을 모두 무효화하고, 계약대금의 3.5퍼센트만 지급받는 선에서 거래를 정리하도록 했기 때문이다. 100길더를 받기로 되어 있었던 투자자라면 고작 3.5길더만 손에 쥘 수 있었다.

현대 옵션거래의 시작

━━━━━━ 튤립 투자 사례는 파생상품이 위험관리hedge가 아닌, 투기speculation 목적으로도 이용될 수 있음을 보여주었다. 그 부작용으로 인해 옵션거래는 이후 상당 기간 위축되었다. 1733년 영국에서는 옵션거래를 불법으로 규정했으며, 이런 상태가 19세기 중반까지도 계속되었다.

장기간의 침체 후 옵션거래가 다시 활기를 띠기 시작한 것은 19세기 후반 미국에서였다. 옵션거래에 투기적 성격이 있기도 하지만, 위험관리를 위한 순기능 역시 분명 존재했기 때문이다. 이런 점에 착안해 일부 딜러들은 옵션거래 수요자들을 찾아내 거래를 성사시키기도 했다. 옵션 행사에 관한 세부 내용이나 프리미엄 지급 같은 거래 조건은 상호 간 합의에 따라 정해졌다. 전문 거래소를 통하지 않은 거래라는 점에서, 오늘날 장외거래over the counter transaction: OTC로 불리는 방식이었다.

옵션거래가 본격화된 것은 시카고 옵션거래소Chicago Board Options Exchange: CBOE가 개장하고 난 후의 일인데, 이 역시도 당시의 경제 여건과 무관하지 않은 것이었다. 1970년대 미국 증시는 장기 침체가 이어지던 상황이었다. 이 때문에 주식시장은 물론 선물시장에서의 거래도 지지부진했다. 그러자 당시 시카고 선물거래소CBOT는 사업영역을 다각화하고 다양한 투자기회를 제공하고자 표준화된 옵션거래시장을 개설했다. 이런 배경에서 1973년 300여 명의 초기 회원으로 출범한 것이 바로 시카고 옵션거래소였다.

개장 초기, 옵션거래소에서는 증권시장에 상장된 16개 주식을 대상으로 콜 옵션거래가 이루어졌다. 옵션 프리미엄이나 옵션 행사 시 지불해야 할 대가, 옵션을 행사할 수 있는 최종일 등 옵션거래의 주요 조건들은 표준화된 형태로 투자자들에게 안내되었다. 전문 거래소를 통해 표준화된 거래가 이루어졌다는 점에서 이전의 방식과는 차이가 났다(장외거래와 구분하여 이를 장내거래 방식으로 부르기도 한다). 조직화된 시장이 만들어지자 옵션거래 대상도 점차 확대되었다. 1977년에는 주식 콜 옵션 외에 주식 풋 옵션에 대한 거래가 시작되었으며, 이후로는 이자율, 통화 등을 대상으로 한 다양한 옵션상품들이 추가로 선을 보였다.

옵션은 선물과 유사하지만 소액으로도 거래가 가능하고 다양한 투자전략을 구사할 수 있다는 점에서 효과적인 위험관리 수단으로 기능한다. 오늘날 다양한 형태의 옵션거래에 대해 수요가 끊이지 않는 것도 이 때문일 것이다. 하지만 옵션이 투기 수단으로 활용될 때에는 투자자들에게 더 큰 손실을 가져다줄 수 있다는 점도 잊지 말아야 한다. 17세기 네덜란드를 휩쓸었던 튤립 투자의 광풍이 언제 또 다른 모습으로 나타날지는 아무도 모를 일이다.

09 상생 원리를 기초로 한 교환거래

●─ⓒⓔⓗⓈⓦ

스와프

영국의 기업들은
거래세 고민을 어떻게 해결했을까?

━━━━━━━ 1960~1970년대 영국 기업들의 공통적인 고민
중 하나는 파운드화를 달러화로 바꿀 때 물어야 하는 거래세였
다. 자본의 국외 유출이 심해지자, 영국 정부가 달러화 구입 시
거래세를 부과하는 방식으로 이를 해결하려 했기 때문이다. 이
때문에 영국 기업들이 해외 송금을 하기 위해서는 환전비용과
거래세라는 이중의 부담을 떠안아야 했다. 이는 영국에 있는
모회사가 해외에 있는 자회사를 위해 자금을 빌려줄 때에도 마
찬가지였다. 영국의 기업들은 마지못해 정부 정책을 따르긴 했

지만, 이중의 비용을 지불하는 것이 늘 못마땅했다.

하지만 어려움이 무엇이건 간에 그 해결책은 언제나 존재하기 마련이다. 문제 해결을 위한 시간이 필요할 뿐이다. 거래세 문제로 골머리를 앓던 영국의 기업들 역시 얼마 지나지 않아 고민을 해소할 방안을 마련해냈다. 자신과 비슷한 처지에 있는 기업을 찾아내 각자가 부담하는 의무를 상호교환하는 방식이었다. 영국의 기업들이 어떻게 거래세 부담을 피할 수 있었는지 아래 그림을 통해 보다 상세히 살펴보자.

거래세 부담을 덜기 위해서는 우선 교환거래의 상대방을 찾아야 했다. 영국 기업이 미국 내 자회사를 상대로 자금을 빌려주듯이(①) 영국 내 자회사를 상대로 자금을 빌려주려는 미국

● 거래세 고민을 해결해준 교환거래

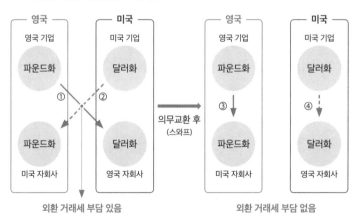

기업이 있다면(②) 교환거래의 상대방으로 제격이었다. 물론 기업들 스스로 거래 상대방을 찾기란 쉽지 않았으므로 은행 같은 중개 기관의 도움을 얻는 것이 일반적이었다.

거래 상대방을 찾고 나면 각자가 부담하는 의무를 상호교환 swap하는 내용의 계약을 맺었다. 기존 방식대로라면 영국 기업은 미국 내 자회사를 상대로, 미국 기업은 영국 내 자회사를 상대로 각각 돈을 빌려주어야 했다(①, ②). 이 과정에서 파운드화와 달러화의 환전비용이 발생하는 것은 물론, 영국 기업들은 달러화 교환에 따른 거래세도 물어야 했다.

그렇지만 상호 간에 의무를 교환하면 이런 비용을 부담할 필요가 없었다. 영국 기업은 미국 기업을 대신해 그 자회사에 '파운드화'로 자금을 빌려주면 되었기 때문이다(③). 동일한 원리로 미국 기업은 영국 기업의 자회사에 '달러화'로 자금을 빌려주면 된다(④).

이 같은 의무의 교환을 통해 영국과 미국의 기업들은 환전과 해외 송금 절차를 생략하고 상호 이익을 도모할 수 있었다. 각각의 자회사들도 교환거래에 따른 혜택을 누리기는 마찬가지였다. 자회사들은 교환거래를 활용해 필요한 종류의 통화를 보다 효율적이고 낮은 비용으로 마련할 수 있었기 때문이다.

통화스와프의 교환 원리

▬▬▬▬▬▬ 영국의 기업들이 활용했던 방식은 흔히 평행대
출parallel loan로도 불리는데, 현대 스와프거래의 원조 격에 해당
하는 것이었다. 스와프란 이처럼 각자가 보유한 기초자산이나
그로부터 발생하는 자금 흐름을 상대방과 교환하기로 하는 내
용의 거래를 말한다. 이를 통해 기초자산의 변동 위험에 대비
하는 것이 주요 목적이다. 교환 대상은 농산물, 원유 같은 실물
상품일 수도 있고 통화나 이자율 같은 금융상품일 수도 있다.
스와프거래는 필요에 따라 다양한 형태로 나타날 수 있지만, 거
래상 주로 활용되는 것은 통화스와프처럼 금융을 기초로 파생
된 것들이다.

평행대출 방식을 넘어 현재와 유사한 구조의 거래 형태가 나
타난 것은 1970년대 후반 무렵이었다. 특히 1981년 8월, 세계은
행과 IBM 간 2억 9,000만 달러 규모의 통화스와프가 성공적으
로 마무리된 것을 계기로 스와프거래는 획기적인 도약기를 맞
았다. 이후 동일한 방식의 거래가 반복적으로 체결되면서 계약
이 표준화되고 거래 제도도 한층 정비되었다. 그렇다면 이러한
스와프거래는 과연 어떤 원리로 작동하는 것일까?

가령 미화 100만 달러가 필요한 국내 기업과 원화 10억 원이
필요한 해외 기업이 있다고 가정해보자. 물론 이들 회사는 필
요한 만큼의 돈을 은행에서 빌릴 수도 있을 것이다. 하지만 이

것만으로는 금융거래에 따를 수 있는 여러 위험에 대처하기 어렵다. 돈을 빌리는 시점과 갚는 시점 사이에 환율이나 이자율 변동 같은 다양한 변수가 발생하기 때문이다. 이 경우 국내 기업과 해외 기업 간에 통화스와프거래를 활용한다면 자금 마련은 물론 다양한 위험들도 효과적으로 관리할 수 있다.

통화스와프currency swap란 기본적으로 서로 다른 통화로부터 발생하는 자금 흐름을 상대방과 교환하는 내용의 거래다. 이에 따라 각기 다른 통화를 대상으로 원금 및 이자의 교환이 이루어지는데, 자금 흐름은 거래 단계별로 상이하다(아래 그림 참조).

● 통화스와프의 거래구조(편의상 1달러=1,000원으로 계산)

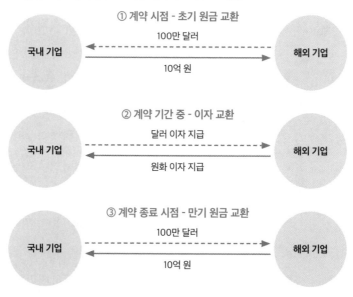

① 계약 시점 - 초기 원금 교환

국내 기업 ← 100만 달러 / 10억 원 → 해외 기업

② 계약 기간 중 - 이자 교환

국내 기업 달러 이자 지급 → / ← 원화 이자 지급 해외 기업

③ 계약 종료 시점 - 만기 원금 교환

국내 기업 → 100만 달러 / ← 10억 원 해외 기업

우선 통화스와프가 체결되는 시점에는 국내 기업과 해외 기업 사이에 초기 원금 교환이 이루어진다(①). 이 단계에서는 각자에게 필요한 달러화 원금과 원화 원금을 서로 주고받는다. 이로써 대출을 통해 돈을 빌리는 것과 동일한 효과를 거둘 수 있다.

두 번째로 계약기간 중에는 교환을 통해 지급받은 원금에 대해 상대방에게 이자를 지급한다(②). 국내 기업은 달러화에 대한 이자를, 해외 기업은 원화에 대한 이자를 각각 지급한다. 이자 지급은 향후 이자율 변동에 관한 예측을 토대로 변동금리 또는 고정금리 형태로 선택할 수 있다.

마지막으로 계약 만기일이 되면 빌린 돈을 갚는 것과 마찬가지로 계약 초기에 주고받았던 원금을 상대방에게 되돌려준다(③). 통화스와프에서는 계약 체결 시점에 적용했던 환율을 만기 시점에도 동일하게 적용하므로, 두 기업은 이후의 환율 변동과 무관하게 최초의 교환 비율대로 원금을 돌려주면 된다. 결국 각기 다른 수요를 가진 두 기업은 통화스와프를 통해 필요 자금을 마련하는 것은 물론, 환율이나 이자율 변동 위험에도 대응할 수 있다.

통화스와프는 국가의 외환 보유고가 부족하거나 금융위기 같은 상황에서는 훌륭한 위기관리 수단으로 활용된다. 각 국가의 중앙은행끼리 통화스와프를 체결하는 것이다. 달러화를 대

상으로 하는 한미 통화스와프, 엔화를 대상으로 한일 통화스와
프 등이 대표적인 예다.

스와프거래의 다양한 유형들

━━━━━━━ 통화스와프가 원금과 이자 모두를 교환하는 형
태의 거래라면, 외환스와프foreign exchange swap는 계약체결 시점과
만기 시점에 통화 원금만 교환하는 거래다. 이는 통상 외화 현
물거래와 더불어, 그 반대방향으로 체결되는 외화 선물거래를
결합하는 방식으로 이루어진다(303쪽 그림 참조). 주로 환율 변동
위험에 노출되지 않고 필요한 외화를 단기간 조달할 목적으로
활용된다. 다만 통화스와프에서는 초기 원금 교환과 만기 원
금 교환 시에 동일한 환율이 적용되는데 반해, 외환스와프에서
는 외화 현물거래와 선물거래 시 다른 환율이 적용된다는 차이
가 있다. 이자 교환이 이루어지지 않는 만큼, 각 통화에 대한 조
달비용 혹은 기회비용을 보상하려는 목적에서다. 예를 들어 계
약 당시 달러화 자금에 대한 이자율이 3퍼센트, 원화 자금에 대
한 이자율이 5퍼센트 수준이라면 이러한 이자율의 차이는 만
기 시점의 적용 환율을 통해 반영된다. 이에 따라 고금리 자금
인 원화를 사용한 해외 은행은 그 대가로 만기시에 달러당 약
1,020원의 비율로 원화를 상환하게 된다.

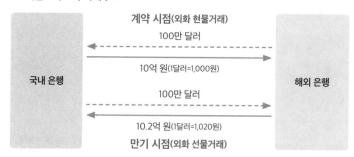

● 외환스와프의 거래구조

계약 시점(외화 현물거래)

100만 달러

국내 은행 ←------ 10억 원(1달러=1,000원) ------→ 해외 은행

100만 달러

10.2억 원(1달러=1,020원)

만기 시점(외화 선물거래)

　이와 반대로 이자율스와프^{interest rate swap}는 통화 원금의 교환 없이 그로부터 발생하는 이자 지급의무만을 교환하는 거래다. 이는 제2차 오일쇼크 직후 국제 금리가 급등하자, 장기 금리 변동에 대응할 목적으로 발전하기 시작했다. 동일한 통화 원금을 기준으로, 고정금리와 변동금리에 따른 자금 흐름을 교환하는 것이 일반적인 형태다. 예를 들어 은행으로부터 10억 원의 돈을 변동금리로 빌린 기업이 있다고 해보자. 현재 해당 기업에 적용되는 이자율은 5퍼센트 수준인데, 향후 이자율이 치솟는다면 10퍼센트대의 이자를 부담해야 할 수도 있다. 이런 위험에 대비하려는 기업에 이자율스와프는 훌륭한 대안이 된다. 304쪽 그림과 같이 스와프거래 상대방에게 고정금리를 지급하고 변동금리를 수취하는 방식의 의무 교환을 통해(①, ②), 금리 변동에 따른 위험을 이전시킬 수 있기 때문이다(③). 이 경우 해당 기업은 대출금리가 10퍼센트 수준으로 변동되더라도, 결과

● 이자율스와프의 거래구조

③ 변동금리 지급 — 은행 ← 기업 ← ② 변동금리 지급 — 스와프은행
① 고정금리 지급

❍ 기업은 금리 변동에 관계없이 고정금리만 부담

적으로 5퍼센트의 고정금리만 부담하는 효과를 누릴 수 있다.

원유나 금속, 곡물 같은 상품의 가격 변동 위험에 대해서는 상품스와프commodity swap가 활용될 수도 있다. 상품스와프는 주로 상품의 현재가격과 향후 시세에 따라 형성될 변동가격을 상호교환하는 방식으로 이루어진다. 고정금리와 변동금리에 따른 지급의무를 교환하는 이자율스와프의 원리와 크게 다르지 않다. 안정적인 가격으로 원유를 확보하려는 정유회사라면 이런 거래를 고려해볼 수도 있을 것이다. 스와프거래 상대방에게는 고정된 원유 가격을 지급하고 거래 상대방은 시세에 따라 형성될 변동가격을 지급하도록 한다면, 유가 변동 위험도 효과적으로 관리할 수 있다.

금융문맹 탈출을
축하합니다

1863년 1월 1일은 세계사에서 기념비적인 날이다. 미합중국 제16대 대통령인 에이브러햄 링컨이 노예해방을 선언한 날이기 때문이다. 하지만 노예해방 선언문이 낭독되었다고 한들, 그다음 날부터 노예들의 삶이 180도 달라졌을 것으로 생각하는 것은 크나큰 오산이다. 이제부터는 독립된 한 인간으로서 스스로 생존의 길을 개척해야 한다. 흑인 노예에서 자유인의 신분이 되었다고 하지만, 눈앞에 마주하는 현실은 오히려 더 막막한 상황일 수도 있다.

링컨에게서 위대한 정치가로서의 진정성이 느껴지는 부분은 그가 단지 말로만 자유를 선언하는 데 그치지 않았다는 점이다. 그는 1865년 3월, 해방된 노예들을 위한 전담부서 Freedman's Bureau를 설치하고, 교육, 의료, 법률, 경제 등 각 분야에서 이들의 실질적 자립을 지원하고자 애썼다. 이제는 자유인이 된 사람들을 위한 '프리드맨스 저축은행Freedman's Savings Bank'을 설립한 것도 이 같은 노력의 일환이었다.

이 은행이 부여받은 임무는 막중했다. 해방된 노예들에게 은행계좌를 개설하게 하고, 금융거래에 필요한 기술을 가르치며, 금융 이해력financial literacy을 높이기 위한 종합적인 교육을 실시하는 것이었다. 링컨 대통령은 한 인간으로서의 생존과 자립을 위해 금융이 갖는 중요성이 얼마나 큰지 깨닫고 있었던 것이다.

그로부터 150여 년이 흐른 지금, 필자는 무료한 시간이면 인터넷을 통해 스포츠, 연예 분야의 가십 기사를 접하곤 한다. 꽤 오래된 것들이긴 하나 금융교육의 필요성을 환기시키는 기사들도 몇몇 기억에 남는다. 그중 하나는 "농구는 신장height이 아니라 심장heart으로 하는 것이다"라는 명언을 남긴 NBA 출신의 유명 농구선수가 쇼핑몰 입구에서 잔돈을 구걸했다는 소식이다. 50센트라는 예명으로 활동한 유명 래퍼가 파산을 신청했다는 소식도 있었다. 흑인들이 압도적인 우위를 점하고 있는 분야에서 수억 달러의 누적 수입을 거두었음에도 말이다. 실제로 NBA 농구선수의 60퍼센트, NFL 미식축구선수의 78퍼센트가 은퇴 후 수년 내에 파산에 직면한다는 통계도 있다.

금융 서적을 집필하는 중이라 그런지는 몰라도 이 기사들과 링컨의 얼굴이 묘하게 겹쳐졌다. 일반화하기는 어렵겠지만, 과거 흑인들의 경제적 자립과 금융교육에 힘쓰던 링컨의 노력과는 사뭇 대비되는 결과이기 때문일 것이다. 그와 함께 은행 설립 후 불과 한 달여 만에 링컨이 암살당하지 않았다면, 약 10년 후 무리한 투자와 위험관리 실패로 은행이 문을 닫지 않았다면, 그 이후의 양상은 어떻게 달라졌을까 자문해보기도 한다.

가십성 기사를 예로 들긴 했지만, 금융에 관심을 갖고 금융 이해력을 높이는 일은 비단 유명 스포츠 선수나 연예인들만 귀 기울여 들어야 할 이야기가 아니다. 오늘날 금융의 세상 안에서 살아가는 우리 모두에게도 해당되는 일이다. 끝으로 1987년부터 18년간 미국 연방준비제도Fed 의장을 역임하며 세계의 경제 대통령으로 활약했던 앨런 그린스펀Alan Greenspan의 표현을 빌려 금융과 금융교육에 대한 이해와 관심이 앞으로도 계속되기를 희망한다.

"문맹은 생활을 불편하게 하지만,
금융문맹은 생존을 불가능하게 만든다."

| 참고문헌 |

1   시드니 호머·리처드 실라 지음, 이은주 옮김, 《금리의 역사》, 리딩리더, 2011
2   윌리엄 N. 괴츠만 지음, 위대선 옮김, 《금융의 역사》, 지식의날개, 2019
3   노블 포스터 혹슨 지음, 송정은 옮김, 《은행, 그 욕망의 역사》, 수린재, 2010
4   EBS 자본주의 제작팀 지음, 《EBS 다큐프라임 자본주의》, 가나, 2013
5   차현진 지음, 《금융 오디세이》, 메디치미디어, 2021
6   게랄트 브라운베르거 외 지음, 모명숙 옮김, 《세계를 움직인 돈의 힘》, 현암사, 2010
7   찰스 P. 킨들버거 외 지음, 김홍식 옮김, 《광기, 패닉, 붕괴 금융위기의 역사》, 굿모닝북스, 2006
8   남종국 지음, 《이탈리아 상인의 위대한 도전》, 앨피, 2015
9   니얼 퍼거슨 지음, 김선영 옮김, 《금융의 지배》, 민음사, 2010
10 니얼 퍼거슨 지음, 윤영애 옮김, 《전설의 금융 가문 로스차일드 1》, 21세기북스, 2013
11 그레그 스타인메츠 지음, 노승영 옮김, 《자본가의 탄생》, 부키, 2018
12 알레산드로 마르초 마뇨 지음, 김희정 옮김, 《돈의 발명》, 책세상, 2015
13 존 케이 지음, 류영재 옮김, 《금융의 딴짓》, 인터워크솔루션즈, 2017
14 천위루·양천 지음, 하진이 옮김, 《금융으로 본 세계사》, 시그마북스, 2014
15 이찬근 지음, 《금융경제학 사용설명서》, 부키, 2011
16 윌리엄 번스타인 지음, 박홍경 옮김, 《무역의 세계사》, 라이팅하우스, 2019
17 한스 외르크 바우어 외 지음, 이영희 옮김, 《상거래의 역사》, 삼진기획, 2003
18 안예홍 지음, 《지급결제의 주역들》, 한울아카데미, 2021
19 석승훈 지음, 《경영학, 무엇을 말해야 하는가》, 위즈덤하우스, 2014
20 프랑수아 셰네 지음, 서익진 옮김, 《금융의 세계화》, 한울아카데미, 2008
21 왕웨이 지음, 정영선 옮김, 《세계 역사를 뒤흔든 금융 이야기》, 평단, 2015
22 오형규 지음, 《경제로 읽는 교양 세계사》, 글담, 2016
23 존 호프 브라이언트 지음, 박종근 옮김, 《가난한 사람들이 어떻게 자본주의를 구하는가》, 중앙북스, 2014
24 대니얼 코나 외 지음, 박수철 옮김, 《돈의 거의 모든 것》, 원앤원북스, 2013
25 로데베이크 페트람 지음, 조진서 옮김, 《세계 최초의 증권거래소》, 이콘, 2016
26 론 처노 지음, 강남규 옮김, 《금융제국 J. P. 모건》, 플래닛, 2007
27 미히르 데사이 지음, 김홍식 옮김, 《금융의 모험》, 부키, 2018
28 김화진 지음, 《투자은행 이론 정책 전략》, 머니투데이 더벨, 2015
29 윤승환·차일규 지음, 《사모투자펀드와 M&A》, 삼일인포마인, 2017
30 제이슨 켈리 지음, 정인국 번역, 《새로운 거물들》, 한국경제신문, 2016
31 선선규·홍성현 지음, 《투자은행과 사모펀드》, 매일경제신문사, 2021
32 박삼철 외 지음, 《사모펀드 해설》, 지원출판사, 2017
33 에드워드 챈슬러 지음, 강남규 옮김, 《금융투기의 역사》, 국일증권경제연구소, 2021
34 찰스 맥케이 지음, 이윤섭 옮김, 《대중의 미망과 광기》, 필맥, 2018
35 짐 로저스 지음, 박정태 옮김, 《상품시장에 투자하라》, 굿모닝북스, 2005
36 오영걸 지음, 《신탁법》, 홍문사, 2023
37 정희남 지음, 〈토지신탁제도의 기원과 발달에 관한 사적 고찰〉, 국토연구 제26권, 1997/8
38 코리안리재보험 지음, 《세상 속의 재보험, 재보험 속의 세상》, 코리안리재보험, 2013
39 한기정 지음, 《보험법》, 박영사, 2021
40 최원규 외 지음, 《사회복지역사》, 학지사, 2021
41 홍숙자 외 지음, 《사회복지역사》, 양서원, 2020
42 권오상 지음, 《파생금융 사용설명서》, 부키, 2013
43 고석빈·신임철 지음, 《처음 만나는 금융공학》, 에이콘출판, 2018
44 김홍기 지음, 〈장외파생상품거래의 법적 규제에 관한 연구〉, 연세대학교 대학원, 2007
45 김운섭 외 지음, 《파생금융상품의 이해》, 한국금융연수원, 2009